영어에 대한
위대한 착각

영어에 대한
위대한 착각

초판 1쇄 발행 | 2023년 1월 4일
초판 2쇄 발행 | 2023년 1월 11일

지은이 | 김성희
펴낸이 | 박영욱
펴낸곳 | 북오션

경영지원 | 서정희
편   집 | 고은경·조진주
마 케 팅 | 최석진
디 자 인 | 민영선·임진형
SNS마케팅 | 박현빈·박가빈

주   소 | 서울시 마포구 월드컵로 14길 62 북오션빌딩
이메일 | bookocean@naver.com
네이버포스트 | post.naver.com/bookocean
페이스북 | facebook.com/bookocean.book
인스타그램 | instagram.com/bookocean777
전   화 | 편집문의: 02-325-9172   영업문의: 02-322-6709
팩   스 | 02-3143-3964

출판신고번호 | 제 2007-000197호

ISBN 978-89-6799-737-3 (03190)

THE MISCONCEPTION OF ENGLISH

영어에 대한
위대한 착각

김성희 지음

북오션

Prologue

한국에서 영어는 수십 년째 제자리걸음인데 왜 아무도 그 이유를 묻지 않고 똑같은 실수를 되풀이하고 있는 것일까? 학교에서, 학원에서 수천 시간을 영어에 투자해도 영어는 왜 제자리걸음인가? 하루가 다르게 발전하는 IT 기술과 쏟아지는 앱으로 영어 공부 방법은 그 어느 때보다 다양해졌는데 한국 아이들의 영어 실력은 오히려 더 나빠지고 있다. 요즘 영어를 잘하는 사람들이 많다고 하지만 잘하는 사람들은 유학파가 대부분으로 우리나라에서 영어를 공부한 사람들은 아니다. 하라는 대로 영어에 쏟아 부었던 수많은 시간과 노력 그리고 소득 없는 결과. 언제까지 이렇게 소모적인 싸움을 침묵하며 계속해야 하는가?

세계 인구의 5분의 1이 영어를 사용한다. 세계에서 경제적·문화적으로 큰 영향력을 갖고 있는 나라들이 경제, 교육, 의학, 과학, 기술과 법 분야에서 국제적인 소통의 수단으로 영어를 사용하고 있다. 영어가 모국어가 아닌 두 나라가 거래할 때도 계약서는 영어로 작성된다. 또한 영어는 정보화 시대에 들어오면서 더욱 중요한 언어가 되었는데 하루 5억 5천만 명이 매일 인터넷을 사용하고 있으며, 가장 많이 방문하는 웹사이트의 55%가 영어로 되어 있다. 따라서 영어로 가져올 수 있는 정보량이 다른 어떤 언어보다도 압도적으로 많으며 정보화 시대 정보력은 당연히 영어가 좌우할 수밖에 없다는 것이 영어를 더 중요한 언어로 만든다.

외국어를 배우는 것은 정보력 외에도 뇌가 발전하고 활동할 수 있도록 유지해 주는 주요한 방법이기도 하다. 스웨덴의 한 연구에 의하면 모국어 외에 다른 언어를 배울 때 뇌의 구조와 크기가 달라진다는 것을 경험했고, 언어를 배울 때 겪는 변화들은 다른 활동이나 기술을 사용할 때는 일어나지 않는다는 것을 알아냈다. 이외에도 외국어는 언제 시작하든 모국어 외에 다른 언어를 공부하는 것에 더하여 많은 이익을 가져다주는데 그중 하나가 바로 인지능력을 키워준다는 것이다.

많은 연구들은 2개 국어를 능통하게 사용하는 사람들은 그렇지 않은 사람들보다 더 좋은 기억력을 갖게 되고 더 창의적일 뿐만 아니라 문제해결 능력을 키워주며, 치매를 지연시킨다는 결과를 보여주고 있다. 그러니 이처럼 많은 유익을 가져다주는 외국어를 하나 선택해서 배울 거라면 가장 효율적인 언어이자 국제 언어인 영어를 선택하는 것은 당연하다.

세계화(globalization)의 시대에 살고 있는 현대 사회에서 영어는 우리나라에 집단적으로도 큰 이익을 가져다줄 수 있는 언어이다. 교육이 가난에서 벗어나게 한다면 정보화 시대에 영어는 더 많은 정보와 지식에 접근성을 제공하여 다양한 기회를 열어줄 것이다. 빈부 차를 줄여 주게 되고 글로벌 시대에 전 세계와 소통할 수 있게 되어 아시아 극동에 위치한 지리적 고립을 극복할 수 있게 해 준다. 뿐만 아니라 다양한 문화를 접함으로써 글로벌 시민의식을 갖게 해 선진 의식과 높은 문화 수준을 영위할 수 있는 삶을 살 수 있게 해 준다.

우리는 영어에 수많은 시간과 돈을 쏟아붓고 있으면서도 영어가 가져다주는 소득과 혜택을 누리지 못하고 있다. 그리고 그 이유에 대해서는 깊이 따지지도 묻지도 않고, 노력 부족, 언어 재능 부족 등 자신의 탓으로만 돌리고 있다. 하지만 우리가 영어를 못하는 이유는 개인의 잘못도 언어적 재능이 없어서도 아니며, 공부를 못해서도 아니다. 이것은 사회구조의 문제이고, 잘못 뿌리 내린 문화 때문이며, 이러한 결속력이 부재한 사회적 구조를 바탕으로 나라에서 방치해 점점 왜곡되고 있는 교육제도의 문제이다. 전 세계에 불어 닥친 코로나19를 통해서도 우리 사회가 얼마나 결속력이 없고, 공동체가 붕괴되어 있는 사회인지 알 수 있다.

코로나19가 시작되고 국민들은 정부의 방역 대책만을 기다리고 따랐다. 정부가 내린 사회적 거리두기, 확진자에 대한 역학조사를 통한 개인정보 공개, 강제 마스크 쓰기 그리고 소상공인들의 일방적인 희생 조치를 방역 정책으로 따르면서 유럽과 미국에서 하루 확진자가 몇만 명에서 몇십만

명으로 증가하고 있을 때 우리는 코로나 확진자 수를 세 자 릿수 내로 유지하며 K방역이라는 이름까지 붙여 전 세계에 자랑했다.

하지만 코로나19 초기에 우리가 방역을 잘했던 이유는 국가의 우수한 방역 정책과 선진의식 때문이 아니었다. 사회적 거리두기를 그 어떤 나라보다 잘했던 것은 붕괴된 공동체로 인한 사회 결속력의 부재로 원래부터 삶 속에서 남과 거리두기를 실천하고 있었기에 다른 나라들에 비해 쉽게 해낼 수 있었던 것이다.

코로나19 확진자의 가족과 집 주소 공개는 엄연히 개인정보에 해당되는 것인데 나만 건강하면 된다는 이기적인 마음으로 개인정보 공개를 당연시하며 확진된 이웃에게 고통을 주는 것을 마다하지 않았기 때문이고, 확진자 개인의 사생활인 동선 공개를 당연시하며 사회 전체가 인권침해를 일삼았기 때문이다. 또한 마스크를 쓰지 않으면 벌금을 물리겠다는 정부의 부당한 행정법도 선진국의 국민들과는 달리 아무 비판적 사고를 하지 않고 따랐기 때문이고, 영업 제한으로 큰 손실을 보게 된 소상공인들에게 돌아가야 할 코로나 보상금은 전혀 손실이 없는 다른 국민들에게까지도 나눠주는 정부 선심 쓰기에 침묵하고 눈을 감았기 때문이다.

이처럼 사회 결속력이 없고 극단적인 개인주의가 팽배하며 비판적 사고가 부재한 것을 코로나19가 보여주었지만 사실 이런 사회가 된 지는 수십 년째이다. 살인적인 경쟁 구도의 반-교육적인(anti-education) 교육제도가 잘못되었다. 바꿔야 한다는 생각을 갖기보다는 경쟁의 형태를 계속 진화시키며 성적표 외에는 한국 공교육에서 별다른 것을 얻지 못하는 학생들을 배출하고, 이 학생들이 다시 사회에 나와 사막화된 사회를 만들어가는 악순환을 이어가고 있다. 잘못된 교육제도에 대한 묵인으로 이어지는 사회의 결속력 부재는 한국에서 영어가 성장할 수 없도록 만드는 주된 원인이다.

정보화 시대이자 글로벌 시대에 가장 기본이 되는 영어. 코로나19가 보여준 사회의 무지함 속에서 한국의 영어는 계속 성과 없는 결과를 이어가고 있다. 영어를 능통하게 한다는 것은 개인적으로나 국가적으로 셀 수 없는 이득과 높은 질의 삶으로 이끌어 주는데 나라에서는 평가 제도만을 만들어 놓고, 영어는 개개인의 형편에 맞는 사교육을 통해 해결하도록 하고 있다. 영어는 매우 어려운 언어이고, 오랜 시간이 걸리며, 한 개인의 삶의 질을 결정하는 중요한 언어다. 영어에 대한 잘못된 인식을 바로 잡고 제대로 된 교육 커리큘럼을 가지고 옳은 영어학습 방법으로 공부할 수 있도록 나라가 나서야 한다.

21세기를 살아가기 위해 꼭 필요한 영어가 한국에서는 활용할 수 없는 수준에 멈춰 있고, 국민들의 정보 접근성과 정보 활용 능력은 오로지 한국어에 제한된 채 세계가 어떻게 돌아가고 있는지에 대한 눈과 귀가 가려져 있다. 이로 인해 글로벌 시대에 마땅히 누려야 할 권리를 제대로 누리지 못하고 있을 뿐만 아니라 경제적으로는 성장했음에도 의식은 제자리걸음을 하면서 공동체는 완전히 붕괴되어 정신적으로나 사회적으로 피폐한 삶으로 이어지고 있다.

세계 자살률은 18년째 1위를 이어가고, 세계 최저 출산율을 계속 갱신하면서 인류학자들이 예상한 가장 빨리 멸종될 민족이라는 충격적인 발표에도 우리는 경각심이 없다. 세계에서 가장 불행한 고등학생, 세계에서 가장 문화적 차별과 갈등이 많은 나라, 사회 관계지수 세계 꼴찌를 기록하며 한국 사회는 병들어 가고, 병든 사회구조 속에서 병든 교육을 하고 있다. 그리고 또다시 병든 교육이 절름발이 영어와 병든 사회를 생산하고 있는 것이다.

자아를 무너뜨리는 뿌리 깊은 수치 문화와 극단적인 개인주의와 이기주의의 사회구조적 문제뿐만 아니라 목표도, 철학적 가치도 부재한 교육 속에서 영어교육의 방법론적 문제, 영어 교사의 부재, 잘못 자리 잡힌 국민들의 영어에 대한 인식을 키워 나가며 21세기에도 시대착오적인 교육을 계속 진행하고 있다. 사회가 달라지지 않으면 우리는 계속 활용할 수 없는 영어를 만들어내고, 시간을 낭비할 것이다.

영어는 학문을 위한 중요한 언어일 뿐만 아니라 평생 자기 교육을 위한 핵심 언어인데도 거듭되는 절름발이 영어의 결과에 대해 한국 사회의 충격적인 문제점과 반교육적인 교육제도를 들여다보고자 한다.

끓는 물 속의 개구리(boiling frog)가 되어 있는 줄도 모르는 한국 사회와 한국의 교육! 하루빨리 문제를 인식하고 달라지지 않으면 우리는 끓는 물 속의 개구리로 최후를 맞게 될 것이다.

"교육이란 사실을 배우는 것이 아니라
사고할 수 있는 것을 배우는 것이다."

"Education is not the learning of facts,
but the training of mind to think."
 - Albert Eninstein

차례

Part 1   잘못된 영어 공부법(학습법)

Part 2 잘못된 영어교육(시스템)

Part 3   잘못된 영어에 대한 인식

Part 4   잘못된 영어 환경

Part 1

잘못된
영어 공부법
(학습법)

영문법은 크게 중요하지 않다는 착각

우리가 영어를 공부할 때는 영어를 다양하게 활용하고 싶다는 목표를 갖고 시작한다. 비행기 옆자리에 앉은 외국인과 자유롭게 문화 얘기를 나누고, 해외여행을 떠나 방문한 박물관에 가서 영어로 된 설명서를 읽으며 역사를 공부하며, 해외 거래처와 영문 계약서를 작성하고, 영미권 영화를 한글 자막 없이 듣는 등을 상상할 것이다. 많은 사람이 이렇게 영어 실력을 갖추기 위해서 회화를 하려고 한다. 하지만 이 모든 영어 활동에는 탄탄한 문법 지식이 요구된다는 것을 간과해서는 안 된다.

요즘 들어 사람들이 영어 문법을 중요하지 않게 생각한다. 중학교 영어 문법책 한 권을 끝내고 나면 마치 영어 문법을 다 끝낸 것으로 착각하고, 더 이상 영어 문법을 공부할 게 없다고 말하는 중고등학생들도 참 많다. 수능 영어에서 문법 문제가 한 개밖에 안 나오니 영문법은 중요하지 않다는 인식이 퍼지며 많은 사람이 영어 문법을 얕게 공부한다. 또 해외 선진국들의 대학 입시 영어 시험은 문법을 직접 물어보는 시험문제가 출제되지 않고 영어로 글을 쓰는 시험이 대부분이기 때문에 영문법이 중요하지 않다는 인식이 국내에 퍼져 있기도 하다. 하지만 이러한 이유로 영문법이 중요하지 않다고 생각하는 것은 큰 착각이다.

수능의 문법 문제 중 읽기 영역의 문제들은 문법에 대한 탄탄한 지식 없이는 독해를 잘할 수 없다. 수능 영어에서도 많은 학생이 시간 부족으로 지문을 다 읽지 못하는데, 글을 읽으며 문제를 풀어나갈 때 시간이 부족한 것은 문법이 탄탄하지 않아서이다. 다른 선진국에서 출제하는 영어 시험에 문법 문제가 없는 이유는 문법이 중요하지 않아서가 아니라 문법을 모르면 문장을 만들 수 없기 때문에 글을 쓰는 시험 출제 방식에서 문법 지식을 자동적으로 확인하게 되기 때문이다. 영어 회화 또한 문법을 모르면 알아들을 수도, 말을 만들 수도 없다.

문법은 영어를 잘하게 되는 목표에 도달할 수 있는 매우 중요한 과정 속에 있다. 영문법을 제대로 알아야 잘 들을 수 있고, 긴 문장을 독해할 수 있으며, 문장을 만들어 말을 하고 글을 쓸 수 있다. 영문법은 듣기, 독해, 말하기와 직접인 연관성이 있지만 드러나 보이지 않을 뿐이다. 우리나라는 한글 교육에서도 글을 쓰는 교육이 부재하기 때문에 영어로 글을 쓰는 교육은 개념조차 없어 문법이 어떤 역할을 하는지 느낄 수도, 활용할 수도 없는 반쪽짜리 영어를 배운다. 하지만 선진국의 교육은 탄탄한 글쓰기 교육을 기반으로 사고력을 향상하고 이를 바탕으로 풍부한 표현의 회화로 이어지게 한다. 이 과정에서 핵심 역할을 하는 것이 바로 문법이다.

영문법은 세계에서 세 번째로 복잡한 구조를 갖고 있어 자기가 문법을 다 아는지 모르는지조차 아는 게 쉽지 않다. 우리나라는 영어 문법을 대부분 중학교에서 배우게 된다. 중학교 문법은 규칙에 준하는 문법이 대부분으로 불규칙한 문법은 전혀 배우지 않을 뿐만 아니라 규칙에 준하는 문법 지식조차도 언제 어떻게 그 문법이 적용되는 지에 대해서는 깊이 있게 다루지 않는다. 문법 지식을 활용하기 위해서는 영어로 글을 써봐야 하는데 중학교에서는 문법 지식을 적용해서 글을 쓰는 교육은 전혀 이루어지지 않고 있다.

수행평가로 글을 써오라는 숙제가 가끔 주어지지만 영작을 배우지도 않고, 학생들은 숙제를 하지 않거나 인터넷의 번역기를 돌려서 해결한다. 또한 중학교 영어 문제에서도 서술형 문제는 거의 없고, 문법을 외워서 틀린 것을 찾아내는 헷갈리는 문제로 학생들을 평가한다. 실력이 있으면 물론 맞힐 수 있는 문제 유형이지만 문법 실력을 제대로 갖추지 않고 단순 암기로도 얼마든지 풀 수 있는 유형이기에 영어 과목도 암기 과목이 되어버린다.

규칙 문법을 중학교에서 공부하지만 불규칙 영문법도 규칙의 영어 문법만큼 그 양이 방대하다. 그리고 실제 영어의 활용 능력은 중학교에서 배우는 규칙이 아닌 불규칙 영문법을 알고 있어야 가능하다. 물론 규칙 문법을 알아야 불규칙 문법도 알 수 있다. 그런데 중학교 때 규칙 문법만을 가르치고 불규칙 문법으로는 넘어가지 않기 때문에 학생들은 규칙 문법이 다인 줄 알고, 고등학교의 긴 지문을 보고 해석이 안 되면 왜 안 되는지 그 이유를 잘 모른다. 언어학자들조차 영어의 문법은 끝이 없어 다 알 수 없다고 말할 정도로 복잡하다.

그렇다고 기본만 하면 되는 것은 절대 아니다. 특히 우랄-알타이어(Ural-Altaic language)에 뿌리를 둔 한국어와 다르게 영어는 완전히 다른 인도 유럽(Indo-European) 언어의 뿌리에 기반을 두고 있어 어순도 반대이고, 사고하는 방법도 다르다. 한국 사람이 영어를 배울 때는 한국어와 분리되어 영어의 어순이 자리 잡히도록 한국 사람에게 맞는 특별한 영어교육 커리큘럼이 요구되는데 이 중 하나가 바로 영어 문법을 깊이 있게 공부하는 것이다.

인지발달 심리학자 피아제(J. Piaget)에 의하면 논리와 추상적 사고는 만 11~12세부터 시작되기 때문에 문법을 이해할 수 있는 나이대는 초등학교 5학년 전후다. 영문법을 5학년 때부터 시작하여 꾸준히 이어 나가면 영어의 어순이 자연스럽게 자리 잡힐 뿐만 아니라 언어 감각도 좋아진다. 그리고 중학교 시험문제를 암기로 하지 않고, 어순의 흐름을 파악하며 문장을 이해하여 풀 수 있게 된다.

영어에는 중간이라는 것이 없다. 영어는 못하거나 잘하는 것만 존재한다. 짧은 시간 안에 요행을 부려 잘하려는 마음을 가지면 영어 실력은 실제로 자신의 삶에서 활용할 수 있는 수준까지 미치지 못한 채 사그라지게 된다. 영어가 완성되는 시기는 규칙 문법이 아닌 불규칙 문법까지 도달했을 때라는 것을 기억하자. 그렇게 되었을 때 진짜 문법을 완성한 것이고, 영어의 활용 능력까지 생기게 된다.

전치사는
중요하지 않다는
착각

패션의 완성이 구두라면 영어의 완성은 전치사다. 영어 공부를 하기 위해 외울 수 있는 것들을 다 외워가며 노력하지만 문장을 만들고 영어로 말을 만들기 위해 꼭 필요한 품사가 바로 전치사이다. 하지만 우리나라 학교에서는 전치사를 자세히 가르치지 않고 전치사는 단어 길이도 짧고 의미도 단순해 쉬워 보이기 때문에 별로 중요하게 생각하지 않는다.

전치사가 내포하고 있는 뜻은 매우 미묘하고 다양할 뿐만 아니라 깊이까지 있어 전치사가 어떻게 사용되는지 알지 못하면 결코 문장을 만들 수 없거나 영어에 능통해질 수 없다.

따라서 영어로 말하고 문장을 완성하는 열쇠는 전치사에 있다고 할 수 있다. 전치사는 전치사의 기능뿐만 아니라 부사의 기능과 형용사의 기능까지 갖고 있으며, 하나의 전치사가 많게는 20가지에 이르는 다양하고 미묘하게 다른 의미를 갖고 있다.

전치사는 장소, 위치, 방법, 시간 등을 나타내는 말 앞에 위치하는 단어이다. 복합전치사까지 약 180개가 존재하는데 180개라는 수는 전체 영어 단어 수에 비해 매우 적은 수이지만 전치사를 모르면 영어 문장은 만들어지지 않는다. 전치사를 깊이 있게 몰라도 깊은 학문적 글이 아닌 이상 대충 끼워 맞춰가며 해석하면 어느 정도 해석은 될 수도 있다. 하지만 말을 만들 때는 상황이 달라진다. 전치사를 어떻게 사용하는지 정확히 알지 못하면 문장을 만들 수 없고, 의도한 의미로 전달될 수도 없다.

예를 들어 throw to와 throw at은 완전히 다른 의미다. to를 사용하면 받도록 던지라는 뜻이고, at을 사용하면 맞추라는 뜻이 된다. listen to와 listen for도 다르다. to는 관계를 나타내는 것이기 때문에 어떤 소리에 귀를 기울이고 듣는 것이지만 for는 향해 있다는 의미이기 때문에 소리를 듣기 위해 소리를 찾고 있다는 뜻이다. 이처럼 전치사의 의미를 정확히 모르면 전달하고자 하는 내용 또한 정확히 전달할 수 없다.

한국어에서는 장소, 위치, 방법, 시간을 나타낼 때 전치사가 아닌 후치사로 표현하기 때문에 전치사는 한국인들에게 무척 생소할 수 있다.

게다가 한국어에서 '~에'는 위치와 관련된 표현이지만 영어에서는 추상적인지 표면적인지, 붙어있는지 떨어져 위에 있는지, 집단인지 개별인지 등을 상세하게 따져 적절한 전치사를 선택해서 사용해야 한다. 그렇기 때문에 전치사별로 다양한 쓰임을 알아야 한다. 전치사에 대한 지식이 없으면 주어, 동사, 목적어까지 만들다가 문장이 뚝 끊기거나 잘못된 전치사를 사용하여 의미 전달이 우스꽝스럽게 될 수 있다.

그러나 전치사는 중학교 때 전치사 뒤에 명사가 나와

야 한다는 것만을 전달하고 끝나 버린다. 전치사의 종류나 전치사별 다양한 사용에 대해서는 전혀 다루지 않는다. 중학교 영어 성적이 좋았던 고등학생들에게 영어를 가르쳐 보면 전치사가 나오는 문장을 해석할 때 전치사의 의미를 정확히 알지 못하고 대충 꿰맞추기식으로 지문을 해석한다. 그리고 실제로 전치사의 의미를 제대로 해석할 수 없어 고등학교에서 보게 되는 영어 지문 전체의 해석을 못하게 되는 경우도 많다.

영어 학원에서도 전치사를 자세히 설명하고 다루지 않는다. 실제로 전치사와 관련된 실용 서적도 한국에서는 찾기 어려우며 공교육에서 깊이 있게 다루지 않다 보니 전치사는 종종 의미없는 단어처럼 취급받는다. 하지만 영어를 모국어로 사용하는 영미권의 서점에만 가더라도 전치사 전문 실용서가 수두룩하고, 원어민 아이들도 어릴 때 따로 전치사에 대한 문법 교육을 받기도 한다.

이처럼 허술한 중학교 영어교육은 영어의 큰 구멍을 만들어서 학생들을 고등학교에 올려보낸다. 그리고 고등학교에 올라가서 영어를 어떻게 공부해야 하는지 몰라 중학교 때 영어 성적이 좋았던 학생들조차도 방황하게 된다.

영어를 효과적으로 배우기 위해서는 영어 공부와 교육에 대한 근본적인 태도부터 바꿔야 한다. 이해하지 않고 외우는 것만이 정답인 것처럼 생각하는 습성이 아직도 뿌리 깊게 남아있다. 살인적인 입시 경쟁 환경 때문에 목적 없이 오직 원하는 점수 내기에만 급급한 교육제도가 모든 것을 망치고 있다. 영어에서 전치사에 대한 이해는 문장을 이어가고 만드는 데 동사만큼 중요하다.

동사를
다 안다는
착각

　'동사구'는 동사와 전치사 또는 동사와 부사가 결합해서 원래 갖고 있던 동사의 의미와 다른 의미를 갖게 되는 단어를 말한다. 예를 들어 run이라는 동사는 '달리다'라는 뜻을 갖고 있고, into라는 전치사는 '안으로'라는 뜻을 갖고 있다. 그리고 두 단어가 합쳐진 run into는 '안으로 달리다'가 아니라 '우연히 만나다'라는 뜻이 된다. '노력하다'의 뜻을 갖는 try와 전치사이면서 부사인 on이 결합한 try on은 새로운 뜻인 '입어 보다'가 된다. '보여주다'라는 뜻을 가진 show와 부사이자 전치사인 off가 결합하면 '으

스대다'라는 의미를 갖게 된다.

이외에도 동사구는 계속 만들어질 수 있지만 사람이 행동하는 모습을 보고 만든 단어이기 때문에 일반적인 동사와는 전달하는 의미가 다르다. 따라서 동사구의 의미를 파악할 때는 동사구가 갖는 한국 단어를 생각하기보다 이미지를 떠올리며 동사구의 의미를 파악하는 것이 더 효과적으로 단어를 익히는 방법이다.

동사구의 함정은 대체로 쉬운 단어와 쉬운 전치사 또는 부사가 결합해서 표현되기 때문에 동사구에 대한 개념이 없으면 동사구라고 생각하지 못하고, 자신이 알고 있는 단어라고 착각하게 된다는 점이다. 하지만 알고 있는 의미대로 문장을 해석하면 말이 안 되는 결과가 나온다. 동사구는 회화에서 많이 쓰이지만 문서에서도 자주 등장한다. 헐리우드영화에서도 매우 쉬운 단어가 표현되면서 주고받는 대화인데 못 알아듣는 경우는 동사구를 사용해서일 때가 많다.

동사구를 사용할 때 목적어의 위치도 주의해야 하는데 동사와 전치사가 합쳐진 동사구는 전치사 뒤에 목적어가 주로 나오고 부사와 합쳐진 동사구는 부사 뒤나 동사와 부사 사이에 목적어가 올 수 있다. 하지만 그 목적어가 대명사일 때는 동사와 부사 사이에만 올 수 있다.

동사구의 특징은 다음과 같다.

1) 자동사의 동사구: 자동사의 동사구는 목적어가 나오지 않는다.

예) fall through 실현되지 못하다

Our plants fell through.

(우리의 계획은 실현되지 못했다.)

2) 타동사의 동사구: 타동사의 동사구는 목적어가 나온다. 목적어는 동사구 다음에 위치하지만 목적어가 인칭대명사일 경우 동사구 사이에만 위치할 수 있다.

예) firm up ~을 확정하다

The company is expected to firm up plans this month.

(그 회사는 이번 달에 계획을 확정할 것으로 예상된다.)

인칭대명사가 목적인 예

The sale price has been discussed but the company still has to firm it up.

(판매가격은 논의되었지만 회사는 여전히 그것을 확정해야 한다.)

3) 타동사인 동사구에 이어서 전치사가 나오는 경우: 목적어 뒤에 전치사가 이어서 나오며 정보를 준다.

예) fill in (on) ~에 대해서, ~에게 최신 정보를 주다

I will fill you in on the details later.

(내가 나중에 일어났던 일을 알려줄게.)

동사구는 행동하는 모습을 이미지로 표현한 말이기 때문에 의미 전달에 있어서 훨씬 더 구체적이고, 부드러울 뿐만 아니라 상황을 더 생생하게 전달해 준다. 따라서 글 속에서뿐만 아니라 일상생활에서도 동사구는 매우 흔하다.

이렇게 중요한 표현의 동사구를 우리는 중학교 3학년

때 잠깐 몇 개의 동사구를 가지고 이런 게 있다고 아는 정도로 끝난다. 그리고 중학교 영어 교과서의 내용과 양은 학생들의 지적 발달 수준과 속도에 터무니없이 못 미치는 수준과 현저히 부족한 양으로 되어 있어서 거의 동사구를 접할 수 없다.

그래서 동사구의 개념 자체를 까먹게 된다. 영어 실력을 갖추기 위해서는 중학교 영어교육을 완전히 바꿔야 한다.

가장 쉬운 게
기초라는
착각

영어에서 기초는 쉬운 게 아니라 먼저 알아야 하는 것이다. 많은 사람이 영어의 시제가 몇 가지로 되어 있는지 잘 모르고 영어 공부를 하거나 영어 회화를 연습한다. 영어의 시제는 단순 현재, 현재진행, 현재완료, 현재완료진행, 단순 과거, 과거진행, 과거완료진행, 미래, 미래진행, 미래완료까지 총 10가지로 또렷하게 구분되어 존재한다. 게다가 수동태와 능동태까지 시제를 나누어 생각하면 총 20가지 형태의 시제에 대한 표현이 나온다. 여기에 미래 시제의 종류도 4가지가 있는데 확정된 미래인지, 규칙적으로 돌아가는 일정의 미래인지, 지금 막 결정한 계획된 미래인지, 오래전부터 생각해 온 계획에 대한 미래인지에 따라 각각 그 표현이 다르다.

이처럼 영어의 시제는 우리말에 비해 표현이 다양하게 나뉘는데 아무리 짧은 글이라도 우리는 시간 속에 살기 때문에 한 가지 시제로만 표현되는 글이나 회화는 없다. 따라서 영어 문법 중 가장 단순하고 이해하기 쉬운 부분이 기초에 해당되는 것이 아니라 글을 읽거나 말을 하기 위해서 가장 먼저 알아야 하는 게 기초가 되어야 한다. 다시 말해서 영어의 시제가 바로 영문법의 기초라고 할 수 있다. 원서로 된 영문법 교재를 보아도 시제는 항상 가장 앞부분에서 다루고 있는 것을 확인할 수 있는데 영어 문법을 공부할 때는 시제를 가장 먼저 공부해야 영어를 효과적으로 배울 수 있다는 뜻이기도 하다.

우리나라 중학교에서는 시제를 한꺼번에 가르쳐 주지 않고, 한두 달이면 끝낼 수 있는 시제를 중학교 3년 동안 쭉 늘려 가르친다. 그래서 중학교 3학년이 되어서야 과거완료와 과거완료진행를 배운다. 시제가 어렵다는 생각 때문에 이렇게 해 놓은 것인데 그러면 학생들은 시제 전체를 한눈에 볼 수 없고, 조각나게 되어 시제들을 까먹거나 서로 연결 지어 생각하는 것이 어렵게 된다. 심지어 중학교 때는 미래완료시제를 아예 가르쳐 주지도 않아 중학교 학생들을 대상으로 하는 많은 학원에서도 미래완료시제를 다루지 않는다. 따라서 별도로 공부하지 않으면 미래완료시제가 존재하는지조차 모른다. 이처럼 영어에서 가장 기초가 되는 시제에 대해서 많은 학생은 정확히 알지 못한 채 고등학교에 입학하게 된다.

영어의 시제를 정확히 알기 위해서는 영어의 '태'와 함께 '시제'를 기초로 배워야 한다. 우리말에서는 잘 사용하지 않는 '수동태'는 영어에서 약 60%나 차지한다. 따라서 수동태 시제에 익숙하면 영어를 읽고 알아듣는 데 훨씬 유리해진다. 이처럼 영어 문법의 핵심과 기초를 제대로 알지 못한 채 고등학교에 올라가면 길어진 글을 접하면서 해석되지 않아 어디서부터 무엇이 잘못되었는지 알지 못한 채 영어를 쉽게 포기하게 된다. 그리고 성인이 되어 영어를 처음부터 다시 시작해야 하는 상황에 놓이게 된다.

대기업 입사 또는 진급 시험인 OPIC(외국어 말하기 평가 시험)에서 높은 등급을 받으려면 시제를 정확히 사용해야 한다. 영어의 시제는 시간뿐만 아니라 자신이 강조하고자 하는 것, 반복되는 사건, 배경적 사건, 해당 사건 등 시간을 넘어선 다양한 표현에도 사용되기 때문이다. 시간의 개념 없이 어떻게 정확한 의미를 전달할 수 있겠는가. 시제는 영어의 가장 기본이자 핵심이다. 시제를 먼저 익히면 영어에 대한 감뿐만 아니라 향후 이해력도 좋아질 것이다.

원서 독서는
초등학교 때까지만
해야 한다는 착각

　영어 상담을 하다 보면 중학생 자녀를 둔 학부모들이 영어 원서 읽기는 초등학교 3~4학년 때까지만 해야 하지 않냐는 질문을 종종 한다. 중학교 영어 시험을 대비해야 하므로 원서 독서는 오히려 방해된다는 것이다. 어디서 어떻게 이런 논리가 나왔는지는 잘 모르겠지만 언어 교육 과는 정반대되는 말이다. 아마 독서에 빠지면 공부에 소홀하게 되어 중고등학교 성적이 떨어지게 되지 않겠느냐는 불안감에서 시작된 것 같다. 그래서 영어 원서는커녕 한국어로 된 책도 중학교 때부터 멀리하는 것을 바람직하게 여기는 어처구니없는 상황에 놓이게 된다. 하지만 모든 학습 능력은 언어가 바탕이 되어야 하고 언어는 어휘력이 바탕이 되어야 한다.

어휘력이라는 것은 단어를 달달 외운다고 생기는 것이 절대 아니다. 어휘력을 높이려면 단어들을 정황(context) 속에서 만나야 효과적인데 정황 속에서 접하게 된 단어들은 정확히 어떤 의미로 언제 어떻게 사용되는지까지 이해하게 되어 머릿속에 남게 된다. 머릿속에 남은 단어는 다시 새롭게 접하는 단어와 서로 비교하고 연결되면서 완전히 내 것이 된다. 이것을 '사이트 단어(sight words)'라고 하는데 사이트 단어란 그 단어를 흘깃 보는 것만으로도 의미를 완전히 파악할 수 있는 단어를 말한다. 영어 한마디 자연스럽게 들을 수 없는 한국 문화에서 영어를 지속해서 들음으로써 사이트 단어를 늘릴 수 있는 유일한 방법이자 어휘력을 빠르게 늘려 학업에도 도움을 줄 수 있는 가장 효과적인 방법은 이야기가 담긴 책을 읽는 것이다.

다양한 책을 읽는 것이 얼마나 언어의 이해에 도움이 되는지에 대해서는 과학적으로도 증명된 바 있다. 뇌에서 언어를 담당하는 두 영역을 브로카(Broca)와 베르니케 (Wernicke)라고 한다. 언어를 새롭게 해석할 때 이 영역들이 활성화되는데 이 영역은 접하게 된 단어가 갖는 '의미'를 언어적으로만 해석한다. '향기'나 '촉감' 또는 '맛'과 연관되는 단어들을 들을 때는 브로카와 베르니케뿐만 아니라 감각을 인지하는 뇌의 다른 영역들도 함께 활성화되어 언어를 접한 것만으로도 실제 그것들을 느끼는 것처럼 만들어준다.

신나고 생생한 이야기가 담겨 있는 문학작품을 읽으면 다양한 단어를 접하게 되면서 뇌가 활성화되고 머리를 좋게 만들어 줄 뿐만 아니라 그 어휘들은 실제 감각과 서로 연결되면서 오래 남게 된다. 머릿속에 남아있는 단어는 다른 단어들과 연결되어 더욱 강화되어 활용 능력도 향상될 뿐만 아니라 단어의 의미가 더 명료해지면서 여러 다양한 분야를 이해하는 데도 크게 기여하게 된다.

실제로 내가 영어를 가르치는 학생들 중 공부만 했던 학생보다 학교 공부에는 크게 관심이 없었어도 책을 많이 읽었던 학생이 대학입시에서 훨씬 좋은 결과를 얻는 것을 보았다. 학교 쉬는 시간에도 방과 후 자유시간에도 늘 책을 끼고 다니는 학생으로 평소에는 자신이 좋아하는 책을 읽고 중학교 때 공부는 시험기간에만 잠깐 했었다. 그런데 중학교 때 성적이 우수했던 학생들은 막상 고등학교에 진학하면 중학교에 비해 수십 배가 넘는 정보량을 감당하지 못하여 성적이 떨어진다. 책을 많이 읽었던 학생들은 늘어난 고등학교의 정보량을 전혀 부담스러워하지 않았고, 성적이 오르기 시작하더니 영어와 국어 수능에서는 만점을 받는 결과를 가져왔다.

고등학교에서 학생들이 가장 힘들어하는 것 중의 하나가 영어와 국어 지문을 주어진 시간 안에 다 읽지 못해서 다섯 개에서 일곱 개 정도의 문제를 풀지 못하고 찍게 되는 것이다. 이 학생은 항상 문제를 다 풀고도 시간이 남았다. 중학교 때까지 읽었던 독서량으로 언어적 감각이 탁월해졌으며 이해력 또한 좋아졌기 때문에 가능한 것이다.

약 4년 전 수능 전 과목 만점을 받은 Y 고등학교 출신의 학생에게 한 기자가 공부비결을 물었다. 고등학생이 되어 매일 학교에 일찍 등교해 50분간 하루도 빠지지 않고 자신이 읽고 싶은 다양한 종류의 책을 읽었다고 했다. 그 시간에 시험과목을 공부하는 게 더 낫다고 생각할 수 있다. 하지만 꾸준히 오랜 시간 활자를 접하면서 뇌가 열리고, 머릿속에 들어오는 정보와 단어들이 서로 연결되어 더 잘 기억하게 됨으로써 단어 활용 능력이 향상되었을 뿐만 아니라 다른 학습에 대한 이해도를 높여 수능에서 만점을 받을 수 있었던 것이다.

영어는 시험과목 이전에 언어이다. 영어 한마디 자연스럽게 들리지 않는 한국의 문화 환경에서 원서 읽기는 영어의 언어적 측면뿐만 아니라 영어권의 문화적·사회적 측면에 대한 이해까지 끌어올려 준다.

지나친 경쟁의 중고등학교 교육제도가 영어를 효과적으로 배우고 다른 학업의 효율성까지 높여줄 방법을 가리고 있다. 학생들의 영어 원서 읽기는 초등학교에서 중학교까지 또 고등학교까지 계속 이어져야 하는 영어 학습 방법이다. 또한 영어 성적과 멀어지게 하는 것이 아니라 오히려 언어 기반을 강화함으로써 모든 분야에 대한 이해력을 높여주는 완전한 영어교육 방법이다.

패턴식 영어 회화가
회화를 잘하게
해 줄 거라는 착각

회화를 잘하기 위해서 우리나라 사람들이 흔히 시작하는 영어 공부 방법은 패턴식 영어이다. 패턴식 영어 회화는 영어 문장을 만들지 못하니, 만들어져 있는 문장을 반복적으로 따라 하고 외워서 상황에 따른 표현법을 배우는 것이다. 말을 만들어서 하는 것 같고, 상황이 그려지면서 흥미를 느낄 수 있다. 그래서 많은 사람이 패턴식 영어를 반복 연습한다. 하지만 문법 지식과 어휘력 그리고 문장을 스스로 만들 수 있는 연습도 없이 패턴식 영어를 하는 것은 영어를 공부하는 것이 아니라 표현을 단순히 암기 학습하는 것으로, 시간이 지나면 잊어버리게 된다. 특히 한국에 살면서 패턴식 영어를 사용할 수 있는 상황에 처할 일은 없기 때문에 연습을 내려놓는 순간 무용지물이 되어버린다.

그렇다고 패턴식 영어 회화가 영어 공부에 있어서 아예 불필요한 것은 아니다. 패턴식 영어를 통해 영어를 공부한다면 영어 회화 실력을 향상하는 목표보다는 영어권 문화를 이해하는 것을 목표로 삼는 것이 나중에 후회하지 않는 방법일 수 있다. 사실 패턴화된 영어 회화 수업 방식이 재미있는 이유도 문화를 알게 돼서다. 문화생활처럼 인간의 삶을 풍요롭고 재미있게 해 주는 게 또 있을까. 패턴화된 회화에는 사람이 늘 등장하기 때문에 다른 사람을 대할 때 필요한 예의범절, 그 사회가 중요하게 여기는 가치 등을 알게 되어 문화적인 이해를 돕는다. 문화는 외국어를 배울 때 빼놓을 수 없는 부분이기에 문화를 이해하는 좋은 방법이라고 할 수 있다.

영어를 공부할 때 말을 잘해야 한다는 집착을 버려야 한다. 말을 잘하는 것에 집착하는 것이 영어 공부를 망치는 길이다. 말을 하는 훈련은 충분한 리딩과 문법 실력이 갖춰져 있을 때 진행되어야 한다. 리딩을 통한 문장력과 어휘력 그리고 문법에 대한 이해는 말을 잘하기 위해서 오랜 시간 부단히 거쳐야 하는 과정이다. 복잡한 영문법이 체화되어 있어야 하고, 영문법을 효과적으로 적용하기 위해서는 풍부한 어휘력을 키우고 다양한 문장을 읽어야 한다. 이것이 생각과 맞물리게 하기 위해서는 지식과 함께 영어 공부를 하는 것이 매우 효과적이다. 말을 잘하고 싶은 마음은 충분히 이해되지만, 말을 하게 되는 것은 앞서 말한 일련의 활동 '결과'이다. 이러한 활동도 없이 말만 연습하는 것은 결코 말을 잘하게 되는 결과에 대한 원인이 되지는 않는다.

리딩은
충분히 했다는
착각

영어에 대한 로망은 단연 능통한 회화 실력이다. 말을 하는 것은 한 사람의 생각과 가치관을 전달하는 것인데 말하는 과정에서 상대에 대해 많은 것을 알게 되기 때문에 매력을 느끼게 하는 가장 중요한 요소이다. 특히 2개 국어를 능통하게 한다는 것은 한 사람이 두 가지 정체성을 갖고 있는 것이기 때문에 더욱 매력적이다. 그래서 많은 사람이 영어를 배울 때 회화 수업과 원어민 수업에 집착한다. 하지만 외국어에서 회화를 잘하는 데 가장 기본이자 핵심은 리딩이다. 글을 쓰기 위해, 말을 하기 위해 먼저 읽기가 되어야 한다.

우리나라 말을 자연스럽게 하게 되는 이유는 어릴 때부터 부모님, 선생님, 친구들이 끊임없이 말을 걸어주어 말하는 것을 듣게 되기 때문이다. 그렇게 수년 동안 계속 듣기만 하다 서서히 말을 따라 하며 자기 의사를 표현하기 시작한다. 그리고 학교에 다니고, 글을 읽고 배우면서 지식이 쌓여 의사를 표현하는 데 있어서 점점 깊은 대화를 나눌 수 있게 된다.

하지만 외국어는 계속 말을 걸어 줄 수 있는 사람이 없기 때문에 스스로가 그런 상황을 만들어야 하는데 그렇게 할 수 있는 것이 바로 리딩이다. 그런데 리딩을 위해서는 단어 뜻도 알아야 하고, 문법도 알아야 할 뿐만 아니라 문화적인 배경도 알아야 무슨 의미인지 해석할 수 있기 때문에 많은 시간과 노력을 필요로 한다. 이에 사람들은 리딩을 건너뛰고 회화 수업을 하려고 한다. 리딩은 골치 아프다는 거다. 하지만 리딩을 하지 않고, 영어 회화를 잘하는 것은 거의 불가능하다.

리딩은 영어에 대해 얻을 수 있는 모든 것이라고 해도

과언이 아니다. 풍부한 어휘력, 문장력, 배경지식, 문화에 대한 이해 그리고 발음 향상뿐만 아니라 사고력까지 향상시켜 준다. 많은 사람이 중고등학교 때 리딩을 충분히 했다고 생각한다. 그래서 회화를 못하는 것은 중고등학교 때 회화를 하지 않아서라고 생각한다. 하지만 부족한 회화 능력은 리딩의 부족이 원인이다. 외국어에 능통해지기 위해서는 최소 3,000시간을 투자해야 하는데 우리나라 공교육에서 영어교육에 할당된 시간은 980시간이다. 그러나 이 시간은 리딩에만 할당된 시간이 아니므로 능통한 영어 회화 실력을 갖추는 데는 턱없이 부족하다. 영어는 지식이 아니라 체화되어야 하므로 많은 시간이 필요하다. 따라서 학교 영어교육의 개편 없이 영어 회화에 능통해지는 것은 불가능하다.

단어는
암기밖에는
방법이 없다는 착각

아직도 단어를 단순 암기하라는 학교 영어 선생님들이나 영어교육 기관들 또 학부모들이 있다. 영어 단어를 많이 알아야 글의 해석도 가능하고, 문장도 만들 수 있다는 생각에 정리된 단어집을 사서 단어를 그냥 외워 버리는 것이 가장 쉽고 빠른 방법처럼 보인다. 하지만 외워서 기억해 내야 하는 것처럼 고통스러운 것이 또 있을까? 외우는 것처럼 지루하고 따분한 공부 방법이 또 어디에 존재하겠는가? 무엇보다도 외워서 그 많은 단어를 기억할 수 있다면 해 볼 만한 것이기도 하겠지만 단순 암기를 통해서 영어 단어를 활용한다는 것은 불가능하다.

외국인에게 한국 이름을 말하며 자신을 소개하면 한국어에 익숙하지 않은 외국인은 소개받은 한국 이름을 대부분 기억하지 못한다. 발음에 익숙하지 않기 때문이다. 그래서 정확히 발음하여 여러 번 반복해 줘야 한다. 하지만 영어 이름을 사용하면 늘 들어봤던 발음이기 때문에 반복해 줄 필요도 없고, 쉽게 기억하게 된다. 이처럼 영어 단어를 우리가 기억하려면 다양한 영어의 소리를 먼저 많이 들어 익숙해지는 것이 중요하다. 다른 말로 하자면 농사를 짓기 전 잘 심을 수 있도록 밭을 가는 작업이 바로 단어를 기억하기 위해 영어와 먼저 친숙해지는 과정이다.

단어를 외우지 않고 익히는 가장 좋은 방법은 영어로 된 글을 읽는 것이다. 최대한 다양한 분야의 글을 소리 내서 읽거나 또는 CD를 듣는 것도 나쁘지 않다. 그래서 소리에 계속 익숙해지는 것이 중요하다. 문장의 의미를 이해하지 못해도 좋다. 단어를 내 것으로 만들려면 정확한 발음, 의미, 정확한 스펠링 그리고 그 단어가 갖는 품사까지 다 알아야 하므로 단어 하나를 다 안다는 것에는 요구되는 정보의 양이 상당히 많다. 따라서 밭을 잘 갈아 놔야 이 많은 정보가 효과적으로 쏙쏙 심기는 것이다. 중학생이 되어 영어를 싫어하게 된 학생들 대부분이 초등학교 때부터 강제로 단어를 외우게 해서다. 고등학교 때 영어를 다시 시작하려 해도 영어 단어를 강제적으로 외웠던 안 좋은 기억을 떠올리며 '영포자'가 된다. 그렇게 그 어느 나라에도 존재하지 않는 영포자가 우리나라에만 존재하게 된 것이다.

쉬운 단어야 쉽게 외워지겠지만 그렇지 않은 단어들은 다양한 글을 읽어 나가면서 단어들이 정황 속에서 계속 반복되어야 단어가 내 것이 된다. 많은 글을 통해 새로운 단어를 노트에 따로 정리하고 의미와 예문을 써보고, 반의어와 유의어도 찾아보며 단어를 이리저리 굴려보는 것이 단어를 내 것으로 만드는 가장 효과적인 방법이다. 처음에는 매우 느린 방법 같고 미련해 보일 수 있다. 하지만 시간이 지날수록 가속도가 붙어 폭발적인 어휘력을 갖게 되는 것을 경험할 수 있을 것이다. 영어 단어를 단순 암기하는 것이야말로 모래 위에 성 쌓기이다.

소리 내지 않아도 된다는 착각

　한국 학생들이 영어를 배우는 과정을 보면 소리 내서 긴 영어 문장을 읽는 기회가 많지 않아 보인다. 초등학교에서는 문장보다는 단어 중심으로 배우게 되고, 초등학교 고학년이 되면 회화 중심의 짧은 문장만을 접한다. 초등학생들이 찾는 영어 학원은 주로 회화 중심의 영어를 선호한다. 그래서 긴 문장을 접하며 소리 내어 읽을 기회가 많지 않다. 글을 읽는 영어 수업은 초등학생들에게 적절하지 않다는 편견도 강하다. 초등학생들은 말하며 재미있게 영어를 배워야 한다는 생각이 깔려있다. 글을 읽는 것은 재미없는 것이라는 덫에 걸려 어릴 때부터 짧은 문장만을 접하게 하는 것이다.

중학교에 올라가면 한 반 학생이 많아 읽을 기회가 많지 않을 뿐만 아니라 영어는 그저 하나의 시험과목으로 그 가치가 전락하여 100점만 받으면 그것으로 만족한다. 고등학교에서는 수능과 내신이라는 시험 앞에 단어 외우고 문제 풀기 바빠 영어를 소리 내어 읽을 기회는 거의 없다고 해도 과언이 아니다. 하지만 오랫동안 소리 내어 문장을 읽어 발음이 잡혀있는 경우 긴 문장을 더 빨리 이해하고 리스닝 실력도 키워줄 뿐만 아니라 영어 단어와 단어의 뜻을 기억하는 데도 매우 효과적이라는 사실을 알아야 한다. 소리 내어 읽는 것은 언어를 배우는 데 매우 중요한 스킬이다.

한 언어에 능통하기 위해서는 많은 시간이 걸린다. 우리가 일어를 배운다면 문화도 비슷하고 발음도 비슷하고 또 우리나라 말과 비슷한 단어도 많기 때문에 다른 언어보다는 좀 더 쉽게 배울 수 있을 것이다. 그러나 한국어와 영어는 공유하는 부분이 전혀 없기 때문에 한국어가 모국어인 사람이 한국에서 영어를 배울 때는 0에서부터 출발하거나 심지어는 마이너스(거부반응과 두려움) 상태에서 시작하기도 하기 때문에 영어를 시작할 때 어떻게 공부하는 것이 효과와 효율성을 높일 수 있는지 고려해야 한다.

모든 언어학자가 공통되게 말하는 가장 높은 효율성을 갖는 언어 공부 방법은 리딩(reading, 읽기)이다. 그런데 이 리딩은 속으로만 하지 않고, 소리 내서 읽을 때 효과적이다. 물론 소리를 낸다는 것은 더 힘들고 또 자신이 정확히 발음하고 있는지 알 수 없어서 조금은 지루한 작업일 수 있다. 그러므로 학교나 학원에서 영어를 배울 때 소리 내서 읽는 기회를 좀 더 많이 제공하고 이를 더 장려하는 것이 시간을 단축하고 효과를 높일 방법이 될 수 있다.

영어 단어는 철자뿐만 아니라 소리로도 기억할 수 있어야 한다. 문장을 소리 내어 읽고, 소리 낸 문장을 자신이 들을 수 있게 해야 한다. 가능한 한 초등학교 3학년을 넘기기 전에 영어 단어를 읽고 소리 내도록 훈련하는 것이 발음도 정확히 익히고 자연스럽게 영어를 받아들일 수 있는 토대가 될 것이다.

이미 초등학교 3학년을 훌쩍 넘긴 성인이라 할지라도 영어를 잘하고 싶다면 소리 내어 긴 문장을 계속 읽어나 가는 훈련을 하는 것이 좋다. 매일 이렇게 꾸준히 6개월만 해도 영어 감각이 훨씬 좋아지는 자신을 발견하게 될 것 이다.

추론 능력이
중요하지 않다는
착각

영어에 'reading between the line'이라는 말이 있다. 문자 그대로 해석하면 '행간 읽어내기'인데 이 말은 '글의 속뜻을 읽어내라'는 말로 정보에 의거한 추론 능력(inferential ability)을 의미한다. 언어를 배워서 쓰고 활용하기 위해서 가장 필요한 능력 중 하나가 바로 추론 능력이다. 추론 능력은 읽게 되는 글이나 듣게 되는 말을 직접적으로 표현하거나 설명하지 않은 의미를 파악하고 이해하는 것이다.

그렇다면 추론 능력은 왜 필요할까? 모든 대화나 글 속에는 정보를 전달하는 사람의 의도가 그대로 나타나지 않는다. 그래서 글을 읽고 대화해 나가는 순간순간마다 정보의 단어나 문장이 함축(connotation)하고 있는 의미를 끝없이 추론(infer)해 내야 한다. 추론 능력이 없는 경우 글이든 말이든 전해진 정보의 진정한 의미를 파악하기 어렵고, 의도에 맞지 않은 해석을 하게 되는 결과를 가져올 수 있으며, 의사 표현 능력에도 큰 영향을 미칠 수 있다.

글의 의미를 제대로 이해하지 못하면 바로 흥미를 잃고 글을 읽는 것을 중단하게 되어 정보 습득에 문제가 발생한다. 상대방과 이어 나가는 대화 속에서 의미를 추론해 내지 못하면 대화를 발전시킬 수 없게 되어 관계를 만들거나 자신의 능력을 다 발휘하는데 문제가 생기게 된다.

그렇다면 추론 능력은 어떻게 발휘되는 것일까? 추론은 주어진 정보나 우리의 사전 지식, 경험 그리고 상상력과 직관력을 사용하여 발휘된다. 글자 그대로가 전달하는 것으로만 정보를 끌어내 이해하는 것이 아니라 알고 있는 지식 또는 단어들의 함축적인 의미를 사용하여 좀 더 깊이 생각하는 것이다. 일반적으로 추론 능력은 어떤 정보를 접했을 때 자동적으로 진행된다.

예를 들어 누군가가 휴가를 다녀와서 이렇게 말한다고 가정해 보자. "어제 휴가에서 돌아왔는데 피부가 많이 탔어." 그렇다면 우리는 이 말을 듣고 상대방이 더운 곳으로 휴가를 다녀왔다는 것을 추론해 볼 수 있게 되고 또 외부에 많이 있었다는 것도 추론해 낼 수 있다. 그리고 이렇게 추론해 낸 가정을 바탕으로 계속 대화를 이어 나갈 수 있게 된다.

글을 이해하며 적용하는 추론 능력은 이미 머릿속에서 존재하고 있는 기억이나 지식 그리고 스키마(schema)와 연결해 추론해 내면서 기존의 기억(력)을 유지하고 강화하도록 도와준다.

추론 능력을 키울 수 있는 방법은 많은 글을 접해야 하며 글을 읽어나가는 과정에서 '누가, 무엇을, 언제, 어디서, 왜'와 같은 질문을 자신에게 계속 묻는 것이다. 이렇게 스스로 질문하며 글을 읽지 않으면 아무리 많은 글을 읽어도 재미로 끝나버리고 추론 능력을 키우는 데 큰 도움이 되지 않는다.

추론 능력을 저해시키는 요인은 어휘력 부족, 배운 지식을 새로운 정보와 연관시키는 능력 부족, 배경지식에 대한 부족, 경험 부족, 상상력 부족, 사고의 유연성 부족, 기억력 부족, 구두로 전해지는 언어에 대한 집중력 부족 등이다. 하지만 이 모든 능력을 고양하기 위해서는 어쨌든 많은 글을 읽어야 한다.

영어에서 추론 능력을 갖추기 위해서는 넘어야 할 두 가지 단계가 있다. 영어는 한국어보다 훨씬 더 많은 추론 능력을 요구하는 언어이다. 우선 영어의 글은 똑같은 단어를 여러 번 사용하는 것을 지양하여 같은 의미를 가진 다른 단어들이 많기 때문에 함축된 의미가 한국어와 비교할 수 없을 만큼 다양하다. 따라서 영어 어휘력을 키우기 위해서는 단어 하나하나의 뜻을 외워서는 안 되며, 다양한 분야를 충분히 리딩하고 그 어휘를 사용하는 배경지식을 쌓아가야 한다. 또한 문화에 대한 이해가 필요하다. 우리나라와는 너무나 다른 영어권 문화를 이해하고자 노력해야 한다. 문화에 대한 거부반응이 있으면 영어에서의 추론 능력을 갖추는 것은 불가능하다.

우리나라의 교육과정에서는 영어를 가르칠 때 추론 능력을 전혀 키워주지 않는다. 아직도 단어를 암기시키고 본문을 그저 암기시키기에 급급하다. 다양한 글을 읽어나가며 영어 공부를 하지 않기 때문에 추론이라는 개념조차 없다. 영어를 공부할 때 추론하는 능력을 함께 키우지 않으면 영어는 절대 완성되지 않는다.

한국말은
잘한다는
착각

영어가 모국어라고 해서 원어민들이 다 영어를 잘하고 모두가 영어 시험에서 만점을 받는 것은 아니다. 마찬가지로 한국어가 모국어라고 해서 수능 국어에서 모두 만점을 받는 것은 아니다. 오히려 한국 학생들이 가장 어려워하는 과목이 국어다. 수능 국어에서 5등급을 받는 경우, 한국어 어휘력이 초등학교 6학년에 머물러 있는 수준이라고 한다. 그런데 수능 국어에서 5등급 이하를 받는 학생들은 60%가 넘는다. 이것은 모국어가 한국어인 우리나라 고등학교 학생들의 60%가 한국어 어휘력이 초등학교 6학년 수준에 머물러 있다는 뜻이기도 하다. 모국어를 지렛대로 영어를 배워야 하는데 모국어조차 어휘력이 부족하다면 외국어인 영어를 배우는 것도 어려울 수밖에 없다.

우리나라 사람들이 영어를 못하는 이유가 어쩌면 부족한 한국어 어휘력과 이에 따른 문해력 저하로 높은 실질 문맹률과 연관되어 있는지도 모르겠다. 실질 문맹은 글 자체는 정확하게 읽는데도 글의 내용을 이해하지 못하는 문해력에 기반한 능력을 말한다. OECD의 실질 문맹률 조사에 따르면 우리나라의 문맹률은 1%에 가깝지만 실질 문맹률은 75%라고 한다. 한국인 10명 중 7명 이상이 한국어를 읽고 들으며 무슨 뜻인지 모른다는 것이다.

한국어의 단어는 언어 형태가 한자를 기반으로 소리가 단순하고 다양한 의미가 있는 글자가 중복되는 경우가 많다. 그래서 모르는 단어임에도 불구하고 마치 알고 있는 것으로 착각하고 뜻을 확인하지 않고 넘어가기가 쉽다. 그렇게 확인하지 않고 모르는 단어가 쌓이다 보면 자기도 모르는 사이 어휘력에 큰 구멍이 생겨 한글이 모국어임에도 불구하고 한글도 된 글을 읽고도 무슨 말인지 이해할 수 없게 되는 것이다.

모국어가 영어인 학생들도 모르는 단어가 나올 때 단어의 형태가 단순하지 않아 자신이 그 뜻을 모른다는 것을 정확히 알고 그 단어의 뜻을 물어보거나 영영사전을 찾아보는 게 일반화되어 있다. 해외의 영어권 학교에서도 어휘력이 중요하다는 것을 알기 때문에 모든 과목의 선생님들이 학생들을 가르칠 때 새로운 단어의 개념들이 나오면 단어의 뜻과 개념을 중심으로 설명하는 게 특징이다. 하지만 우리나라에서는 수업 시간에 단어의 뜻이나 개념에 대해 설명하는 것을 경험하거나 들어본 적이 거의 없다.

영어를 공부할 때 사전을 찾아 보는게 습관이 된 필자는 한국에서 고등학교를 다니며 어려운 한국어 단어가 나오면 수시로 국어사전을 찾아보았다. 그런 모습을 보고 주변 친구들이 이상한 눈으로 바라보며 비웃었던 기억이 있다. 학생들에게 영어를 가르치며 한국어로 영어의 뜻을 가르쳐 주다가 한국어 단어의 뜻을 알고 있는지 물어보면 대답을 못 하는 경우가 허다하다. 그리고 한국어 뜻을 확인하기 전에 그들이 먼저 그 한국어의 뜻을 물어보는 경우도 거의 없다. 학생들도 그 단어의 뜻을 모르지만 알고 있다고 착각하는 것이다.

미국의 한 연구는 42명의 아이들이 처한 언어 환경이 향후 그들의 어휘력에 끼치는 영향에 대해 조사한 바 있다. 태어난 후 첫 3년 동안 매일 듣게 되는 대화를 기록해 보았다. 그들 중 몇 명은 부모가 전문직(professional) 종사자인 가정에서 자랐고, 몇 명은 노동계층(working class)의 부모 밑에서 자랐으며, 일부는 생활보조금(on welfare)을 받는 가정에서 자랐다.

그들은 언어적 환경에서 큰 차이를 나타냈다. 전문직 종사자 가정에서 자란 아이들은 하루에 4,500만 단어, 노동계층 가정의 아이들은 하루에 2,600만 단어, 생활보조금을 받는 가정의 아이들은 1,300만 단어를 들었다. 그리고 이러한 차이는 향후 아이들이 갖게 되는 어휘력에 상당한 영향을 끼쳤는데 전문직에 종사하는 가정에서 자라는 아이들이 생활보조금을 받는 가정에서 자라는 아이들보다 두 배 이상의 어휘력을 갖추고 있었다.

그렇다면 높은 어휘력이 왜 이처럼 중요한가? 높은 어휘력은 아이들의 감정이나 의견 또는 아이디어를 정확히 표현할 수 있는 언어 능력을 키워 준다. 이것은 곧 얼마나 자기 생각을 또렷하고 정확히 표현하며, 상대방에게 얼마나 인상적으로 표현을 전달할 수 있는가를 결정한다. 결국 언어는 설득의 문제가 아닌가? 상대방을 설득하기 위해 그 상황에 맞는 정확한 어휘 선택은 결정적(crucial)인 역할을 한다. 어휘력은 독해의 기반이 되기 때문에 말하거나 읽는 것을 정확히 이해할 수 있게 해 준다. 또한 논리적으로 사유하는 능력을 키워나갈 수 있도록 도와주며 더 많은 사람의 생각과 아이디어를 해석할 수 있게 도와준다. 마지막으로 높은 어휘력은 미래에 갖게 될 직업에도 큰 영향을 끼친다. 언어에 대해 연구하는 존슨 오코너(Johnson O'connor) 연구원은 '한 사람이 가진 어휘력 수준은 직업적인 성공의 최고의 척도'라고 했다. 일에서의 성공은 소통 능력에 달려있기 때문이다.

Part 2

잘못된
영어교육
(시스템)

경제를 성장시킨
좋은 교육이라는
착각

15세 이상 학생들을 대상으로 읽기, 수학 그리고 과학 활용 능력을 평가하는 경제협력기구(OCED)의 국제학업성취도평가(PISA, Programme for International Student Assessment)에서 한국은 매년 핀란드(Finland)와 함께 최상위권을 차지한다. 이를 보면 마치 우리나라의 교육이 옳은 길을 가고 있는 듯하다. 하지만 우리나라는 세계에서 가장 긴 교육시간을 갖고 있으며, 학교를 마치고 또다시 늦은 밤까지 제2의 학교인 학원에서 선행학습을 한다. 스트레스 속에서 강제적으로 '시험을 위한 공부'를 하는 한국의 학생들이 피사에서 상위권을 차지하는 것은 어찌 보면 당연한 결과다.

하지만 우리와 1, 2위를 다투는 핀란드의 교육을 보면 피사에서 우리나라가 상위권이라는 게 가짜라는 것을 알 수 있다. 핀란드는 세계에서 가장 적은 시간을 교육에 투자하고 있는 것으로 알려져 있는 나라다. 핀란드는 학생들이 학교 밖의 더 넓은 사회 속에서 중요한 일원으로 느낄 수 있도록 수업한다. 그래서 우리나라처럼 국어, 영어, 수학만을 강조하지도 않는다. 미술과 음악, 체육도 중요한 과목으로 여기고 창의성을 장려하며 교육을 이끌고 있다. 게다가 한국어와 같은 우랄-알타이어에 뿌리를 두고 있는 핀란드어를 사용하는 그곳의 학생들은 우리처럼 영어가 어려운 언어이지만, 고등학생이 되면 영어뿐만 아니라 스페인어, 불어 등 기본 3개 국어에서 5개 국어에 능통하게 된다. 고등학교를 졸업해도 영어 하나 제대로 못하는 우리나라와는 너무 대조되는 상황이다.

만 15세를 대상으로 한 피사에서는 상위권을 차지한다 할지라도 만 16세에서 24세의 성인을 대상으로 문해력,

산술 능력 그리고 문제해결 능력을 평가하는 피악(PIAAC, Programme for the International Assessment of Adult Competencies)에서 핀란드는 계속 상위권을 차지하지만 우리나라는 중간 밑으로 뚝 떨어진다. 그러니 우리나라가 피사에서 상위권일지라도 그것은 사교육으로 인한 선행학습의 결과라는 것을 알 수 있으며, 일시적인 것임을 잘 나타내고 있다. 피사에서 같은 상위권을 차지한 핀란드의 교육 효과와 효율성과는 비교가 되지 않는다. 피사에서 상위권을 차지하게 되기까지 점수만을 위한 교육과 연결성 없는 교육이라는 것을 보여주는 대목이다.

경쟁교육을 전혀 하지 않는 독일의 국영방송에서 피사에서 높은 성적을 받는 한국의 교육 방법을 취재하기 위해 한국에 온 적이 있다. 하지만 지나친 경쟁교육과 밤늦도록 학원에서 공부하며 자아를 잃어버린 우리나라의 학생들을 보고, 한국의 교육이 아이들을 얼마나 괴롭히고 있는지 경악하고 돌아갔다고 한다. 한국의 교육 다큐멘터리를 예정했던 독일의 국영방송사는 예정했던 프로그램을 포기하고 인권유린 프로그램으로 주제를 바꿨다는 일화가 있다.

이처럼 우리나라 교육은 학생들의 발달 심리를 고려하지도 않고, 교육의 철학적인 측면도 없으며, 교육이 지향하는 궁극적 목표도, 사회가 추구하는 가치에 대한 교육도 완전히 부재한 상태로 엄청난 양과 지나친 경쟁심을 부추겨 그들이 누려야 할 행복을 유린한 채 점수만 중요시하는 교육을 자행하고 있다. 말은 공교육이지만 사교육을 통해 경쟁 구도에서 각자도생하며 살아가고 있는 것이다.

이러한 교육제도에서 소위 승자라고 불리는 우리나라 최고의 S대에 입학한 학생들도 영어 앞에서는 무릎을 꿇는다. 미국 명문대학교에서 8년 정도 수업하다 S대에서 수업하게 된 한 교수님의 경험을 빌리자면, S대에 와서 첫 수업을 영어로 했더니 학생들의 40%가 수업 첫날 그 자리에서 일어나 강의실을 나가 버렸다고 했다. 심지어 욕을 하면서 나가는 학생들도 있었다는데 영어 실력도 정서도 망가져 있는 전형적인 한국 교육의 실패를 보여주는 사례다.

지금까지 한국의 경제발전은 선진국들이 만들어놓은 산업을 그저 따라만 하면 되는 산업구조였기에 가능했다. 생각은 선진국들이 하고 우리는 지켜보다 그들이 한 생각을 똑같이 만들어내면 됐다. 하지만 이제는 우리보다 선진국을 더 잘 따라 하는 나라들이 생겼다. 선진국을 따라 해서 경제를 성장시킬 수 있는 삶의 방식은 끝났다. 이제 우리도 깊은 사유를 통해 새로운 것을 먼저 만들고 선도하지 않으면 안 되는 시대에 진입했다.

서열화된 대학, 경쟁만 부추기는 일관성 없는 공교육, 죽은 지식만을 가르치는 우리나라의 교육은 시대착오적이다. 이러한 시대착오적 교육이 계속 이어지면 우리나라 학생들은 죽은 지식을 쌓은 채 과거의 삶을 살게 될 것이다. 빅데이터 시대에는 다양성이 폭발한다. 다양성이란 곧 변화에 대한 민첩한 적응력을 요구한다. 배우지 못하거나 다시 배우지 못하는 사람은 사회적으로 낮은 위치에 처하게 되거나 낮은 임금을 받는 처지로 전락하고 궁극적으로는 컴퓨터나 기계로 대체되고 말 것이다.

이러한 빅데이터를 읽고 해석해 내기 위해서 한국인들

에게 영어는 반드시 갖춰야 하는 언어이며, 이제는 말하는 영어보다 읽어내는 영어가 더 필요한 시대이다. 하지만 지나친 경쟁교육과 일관성 없는 학교의 영어교육이 영포자를 배출해 내고 있다. 현재 우리가 아이들에게 전달하고 있는 교육은 우리의 아이들과 나라의 미래를 어둡게 만드는 교육이라는 것을 빨리 인식하고 변화를 시작해야 한다.

한국의 학교는
원래 이렇다는
착각

　우리나라 아이들은 초등학교 3학년까지 밝고 활기차다. 그런데 세상을 조금씩 알기 시작하는 4학년이 되면서부터 아이들의 얼굴에는 조금씩 그늘이 자리 잡히기 시작한다. 점점 발표도 줄어들고, 위축되어 가는 모습이 나타난다. 4학년 정도 되면 벌써 지나친 경쟁의식, 비교하는 사회 분위기, 위계 질서적인 인간관계를 느끼기 시작하는 것이다.

　그리고 중학생이 되면서 과감해지기 시작하는데 학교 수업 시간에 잠을 자기도 한다. 적어도 초등학교 때까지는 수업 시간에 자는 모습은 없었는데 중학교 수업 시간에 자는 모습은 자연스러운 일이 되어 버린다. 그리고 고등학교부터는 절반 이상의 학생들이 이해하지 못하거나 또는 자신과 상관없는 과목의 수업 시간에 잠을 잔다. 다른 학생들이 공부하는 시간에 책상에 엎드려 자고 일어난 그 학생은 어떤 생각을 할까? 무기력감, 자괴감, 패배 의식이 생기게 되지 않을까?

아이들이 학교에서 잠을 자는 것에 대해 왜 학교에서는 어떠한 대책도 세우지 않는 것인가. 학교는 학교의 역할이 무엇인지 전혀 모르고 있다. 수십 년째 이어지고 있는 교실 속 수면하는 학생들. 왜 우리는 이에 대한 원인을 찾고 개선하지 않는 것일까?

영국 학교와 독일 학교 그리고 한국의 공교육에서 교육을 받아본 필자는 우리나라 중고등학교의 공교육이 선진교육과 구분되는 특징 3가지를 찾을 수 있었다.

첫 번째, 선진교육은 사교육이 없기 때문에 선행학습이 없다. 따라서 학교에서 배우는 지식은 모든 학생들에게 똑같이 새로운 지식이다. 하지만 우리나라에서는 선행학습이 가능한 사교육으로 인하여 많은 학생이 학교에 가면 이미 배운 것을 또 배워야 하는 상황에 놓이게 된다. 선생님들도 이러한 상황을 알기에 대충 설명하고 지나가는 경우가 허다하다. 이미 다 배워서 학교 수업에서는 배울 것이 없는 아이들, 설명이 허술해 이해가 어려운 아이들, 공부에 원래부터 관심 없는 아이들. 한국의 교실은 원래 이렇다는 타성에 젖은 지 오래다. 그래서 많은 학생은 수업시간에 잠을 청하게 된다.

두 번째, 선진교육은 아이들을 한 줄로 세워서 비교하지 않는다. 독일에서는 공부를 가장 잘하는 아이들 위주로 가르치지도 않는다. 오히려 중간 정도 수준의 아이들 중심으로 가르친다. 하지만 우리나라의 공교육은 아이들을 자연스럽게 한 줄로 세워 가장 앞에 있는 몇몇 아이들 중심의 교육을 한다. 부당한 교육을 받고도 부당한 교육이라는 것조차 판단하지 못하는 아이들은 학교라는 곳이 원래 이런 곳인 줄 알고 항의 한번 제대로 못한다. 이러한 교육환경에서 열등감은 점점 커지며 아이들은 어디로 가야 할지 길을 잃고 학교 수업시간에 잠을 청한다.

세 번째, 선진국의 학교에서는 가르치지 않은 곳에서는 절대 시험문제를 출제하지 않는다. 선생님들은 가르친 곳에서만 시험문제를 내며 객관식 시험이 없기 때문에 모르는 문제가 나왔을 때 찍는 것이 불가능하여 우연히 답을 맞힐 수 없다. 모든 시험문제는 서술형이므로 배운 것을 얼마나 이해했는지 그대로 드러난다. 그래서 선생님은 학생들이 학교 수업을 잘 이해하고 있는지 정확히 파악할 수 있다.

그런데 한국의 공교육에서는 지나친 경쟁 구도로 요구되는 변별력 때문에 선생님들은 가르치지도 않은 곳에서 시험문제를 낸다. 그래서 수업 자체가 큰 의미가 없게 느껴질 뿐만 아니라 어디서 어떻게 공부해야 할지 모르는 난감함을 경험한다. 그리고 노력해 봤지만 좋은 결과가 나오지 않아 좌절도 겪게 된다.

이렇게 제도만 있고, 교육의 목적과 방법이 부재한 우리나라의 12년 초중고 교육은 필요한 교육을 학생들에게 제공하지 못한다. 학생들은 각자 형편에 맞는, 나름의 판단에 따른 영어교육 기관을 찾거나 개인 과외를 통해 영어교육을 받는다. 그리고 잘못된 방식으로 영어를 공부하고 수년간 영어 공부를 해도 영어를 활용할 수 없는 자신을 발견하며 절망감과 좌절감에 휩싸여 열등감을 갖고 사회에 나오게 된다.

국가가 교육을 해 주고 있다는 착각

한국에서는 초중고 교육을 국가가 관리하고 통제한다. 개인이 만든 학교(대안학교)는 학원으로 분류되어 학교로 인정해 주지 않기 때문에 검정고시를 통과해야 한국의 대학교에 입학할 수 있는 자격을 갖추게 된다. 그래서 우리는 나라가 교육을 책임지고 있다는 착각에 빠져 있다. 하지만 우리나라의 교육부는 서열화된 대학에 맞게 학생들을 평가하여 분류하는 제도를 만들고 수정할 뿐 그들에게 21세기를 살아가기 위해 필요한 교육 콘텐츠를 전혀 제공하지 않는다.

독일에서도 학교에 가지 않고 집에서 혼자 공부하는 홈스쿨링을 인정하지 않는다. 하지만 독일 정부가 홈스쿨링을 인정하지 않는 이유는 우리나라가 홈스쿨링을 인정하지 않는 이유와는 매우 다르다. 독일의 교육은 아이들에게 사회의 가치를 가르쳐서 함께 협력하고 연대할 수 있는 공동체가 될 수 있도록 해야 한다는 철학이 깔려있다. 그래서 공동체 의식 없이 혼자 공부하는 홈스쿨링과 같은 교육 방법은 독일 정부가 정의한 교육철학에 반한다는 것이다.

함께 협력하는 사회를 만들기 위해 실제 독일의 공교육에서는 경쟁 교육은 야만 교육이라고 정의 내리고 학교에서는 경쟁시키지 않는다. 대학의 서열화도 없고, 대학교 입학시험도 없다. 고등학교에서는 등수도 없으며 고등학교 졸업장만 있으면 원하는 시기에 원하는 학과를 정해 원하는 대학에 들어갈 수 있다.

독일뿐만 아니라 서양도 공감 능력, 우정 그리고 충성심 같은 가치가 교육의 기반이 된다. 자신의 재능을 찾아 어떻게 사회에 기여할 것인가 하는 것은 교육의 보편적 가치이다. 그래서 공부하는 학생들은 경쟁보다는 사회와의 유대를 먼저 배운다.

하지만 우리나라의 공교육은 어떤 보편적 사회가치를 기반으로 하지도 않으며 어떤 교육적 철학도 없다. 나라가 교육을 통제하겠다는 권위의식으로 홈스쿨링을 인정하지 않는다. 우리나라 학생들은 고등학교에 가면 소수점자리까지 나오는 등수와 등급제도 아래서 1등과 꼴등이 존재하는 한 줄 세우기 안에 자신의 위치를 확인한다. 그 속에서 공부해야 하고 그저 평가만을 위한 죽은 지식을 배워야 한다. 초중고 학생들에게 사회에서 가르치는 가치가 뭐냐고 물어보면 모두가 한입으로 동일하게 '돈'이라고 말할 뿐이다.

우수한 교육을 결정짓는 것은 교육 커리큘럼과 교사의 질이다. 시대가 요구하는 우수한 교육 커리큘럼을 소화할 수 있는 교사를 양성하는 방법부터 달라져야 한다. 교사 양성은 아직도 수십 년째 외워서 보는 시험으로 진행되고 있다. 이렇게 양성된 공교육 선생님들은 정해진 교과과정의 진도 나가기에 바쁘다. 어떤 선진국에서도 찾아

볼 수 없는 오지선다의 시험문제를 만들어 학생을 평가하는 데 급급하다. 그리고 이러한 평가에서 좋은 성적을 받지 못한 아이들의 부모님을 호출해서 과외를 하거나 학원을 보내라고 조언까지 한다. 선생님들조차도 잘못된 교육제도 아래 교육은 자신들의 역할이 아니고, 오로지 평가만이 자신의 역할이라는 인식을 갖고 있다.

학부모들은 졸업장이 필요하니 아이들을 학교에 보내긴 하지만 실질적인 배움은 학원에 기대한다. 학교에서 보는 시험에서 좋은 성적을 받을 수 있도록 학원에서 아이들을 관리해 주기를 바랄 뿐만 아니라 아이들의 학습태도가 어떤지도 학원에 물어본다. 하지만 학원은 아이들에게 필요한 적당한 지식은 가르쳐 줄 수 있을지 몰라도 21세기에 필요한 교육을 제공하고, 사회의 가치를 가르치며, 함께 연대하여 성숙한 민주주의 시민으로 키워낼 수 없다. 이것은 학교의 일이지 학원이 할 일도, 할 수 있는 일도 아니다.

나라에서는 아무 교육도 하지 않는다. 영어교육도 마찬가지다. 학교의 오지선다 평가 교육은 학생들의 영어 실력을 향상시켜 줄 수 없다. 언어는 사유의 도구이다. 사유와 함께 맞물려 배우는 언어만이 살아남는다. 공교육의 오지선다 영어 시험 평가와 등급제도 안에서 학생들은 자신의 영어 성적과 실제로 자신이 갖고 있는 영어 실력 사이의 괴리감으로 좌절을 맛볼 뿐이다.

공교육에 커리큘럼이 있다는 착각

영어는 우리나라에서 제1언어로 지정해 놓은 언어이다. 제1언어라는 것은 모국어만큼 능통하게 잘해야 하는 언어라는 뜻이다. 나라에서 영어를 제1언어로 지정해 놨다면 제1언어에 걸맞는 교육 커리큘럼도 학교에 제시되어 있어야 한다. 그런데 우리나라의 공교육은 영어를 제1언어로 지정만 해 놓고, 제1언어와는 전혀 상관없는 수준의 영어교육 커리큘럼으로 학생들을 가르친다. 그러니 학생들은 어릴 때부터 영어 학원을 찾게 된다. 영어교육이 얼마나 중요한지 인지한 학부모들은 어릴 때부터 아이들을 학원에 보내 영어에 대한 감을 키우고 영어를 잘할 수 있게 꾸준히 투자하는 것이다. 영어의 특징을 잘 모르거나 영어를 제대로 공부하지 않았을 때 아이들에게 미치게 될 영향에 대해 잘 모르는 경우, 영어교육을 간과하기도 한다. 그리고 공교육에만 의존했던 아이들은 갑자기 어려워지는 고등학교 영어의 벽에 부딪히며 좌절하고, 결국 영어포기자가 된다.

공교육 영어는 총 980시간의 교육 시간으로 구성되어 있다. 언어학자들이 연구한 자료에 의하면 외국어에 능통하기 위해서는 총 3,000시간이 필요하다. 이에 비교하면 우리나라 공교육이 제공하는 980시간은 턱없이 부족한 시간이다. 더군다나 영어는 한국어와는 전혀 다른 뿌리를 가지고 있는 언어다. 따라서 영어와 같은 뿌리의 모국어를 사용하는 사람들이 영어에 능통해지기 위해서 필요한 시간보다 더 많은 시간을 필요로 한다. 또한 한국 사람들에게는 한국어와 영어는 서로 전혀 다른 뿌리를 가지고 있기 때문에 어떤 방법으로 영어를 공부하느냐도 매우 중요하다.

우리나라 공교육의 영어교육 커리큘럼은 학생들의 인지 발달을 전혀 고려하지 않은 마구잡이식의 영어교육이다. 초등학교 5학년이면 문법을 이해할 수 있는 인지력이 성장한다. 그런데도 유치한 단어와 생활 영어만을 가르친다. 그래서 영어 학원을 따로 다니지 않을 경우 5학년이 되어도 영어를 제대로 읽지 못하는 아이들이 수두룩하다. 5학년이 되어도 문법을 배우지 않으니 글을 읽고 해석할 수 있는 실력도 당연히 없다. 영어가 완성되기까지 많은 시간 영어 노출이 필요하기 때문에 영어교육에서 인지 능력이 자랄 때 스스로 영어를 읽고 어느 정도 해석할 수 있는 실력을 갖출 수 있도록 해 주는 게 중요하다. 학교와 학원에서의 영어 학습 외에도 영화나 노래, 다양한 문학 책으로 여러 영역에서 영어에 노출되어 어깨너머 영어를 습득할 수 있는 지원이 꼭 필요하다.

만 12세부터는 인지 발달이 폭발적으로 일어나는 시기이다. 논리적 사고력이 자라고 비판적 사고와 추상적 사고를 시작할 수 있게 되는 시기이며 자기만의 가치관이 형성되는 시기다. 심리학에서는 만 12세부터 16세까지 이루어진 인지 발달 시기에 형성된 가치관이 평생을 결정짓는다는 연구 결과가 있다. 인지 발달은 언어와 직접적인 연관성이 있기에 언어가 아이들의 인지 발달에 제 역할을 할 수 있도록 추상적 어휘와 개념을 가르치는 것을 시작으로 추상적 사고를 시작할 수 있게 도와 인지 발달에도 도움이 될 수 있도록 해야 한다.

많은 학생들이 고등학교에 올라가 영어를 포기하는 것은 다음과 같은 이유에서이다. 고등학교 인지 수준은 추상적인 개념들을 이해할 수 있는 시기이다. 영어는 온통 추상적인 어휘로 가득 차 있는데 중학교 때 이러한 어휘와는 단절된 영어교육을 받고 갑자기 추상적 사고를 요구하는 영어 글을 이해할 수 없기 때문이다. 영어 학원도 한 몫한다. 영어 시험은 중학교 2학년부터 시작된다. 그래서 많은 학생들이 중학교 2학년부터 학원 문을 두드린다. 하지만 공교육의 중학교 교과서 영어 콘텐츠는 양적으로도 적고, 어휘의 수준도 낮아 단순 암기를 통해 영어 시험에서 쉽게 높은 점수를 받을 수 있다. 그래서 많은 학원들이 실제 학생들의 영어 실력을 탄탄히 키워주는 것이 아니라 중학교에서 높은 점수를 받기 위해 본문을 암기하도록 영어를 가르친다.

이렇게 단순 암기로 중학교에서 높은 영어 점수를 받았던 학생들은 고등학교에 올라가 많아진 양과 함축적이고 추상적인 개념들을 이해하지 못하고, 이해하려고도 하지 않아 맥락 속에서 의미를 파악하는 게 어렵게 된다. 그래서 수능 영어를 포기하거나 어떻게 공부해야 할지 당황해한다.

중고등학교에서는 영어 글쓰기를 위한 영어수행평가가 시행된다. 그러나 공교육의 영어교육 과정에는 영작 수업이 없다. 그래서 학생들은 주어진 주제를 한글로 먼저 작성하고 번역기를 돌려 영문으로 작성한 후 그것을 외워 수행평가를 치른다. 학교에서 영작 수업도 없이 영작을 스스로 하라는 것은 그야말로 평가를 위한 교육이 아닌가. 영작을 못하는 학생들에게 번역기를 돌리라고 권하는 선생님이 있는가 하면 영어를 어떻게 공부하면 되냐는 질문에 그냥 다 외우라고 대답해 주는 선생님도 허다하다.

중학교 때 가장 풍부한 어휘력과 개념들을 익히고, 어법의 완성을 이루며 스스로 글을 쓸 수 있는 능력을 갖춰야 하는데 영어교육 커리큘럼이 없는 중학교 영어교육은 중요한 시기를 무책임하게 방치해 놓고 있는 것이다.

고등학교 영어 지필고사는 더 당황스럽다. 학교의 영어 내신과 수능은 서로 다른 영역을 테스트한다. 고등학교 영어 내신은 범위가 주어지기 때문에 그 범위를 외우면 어느 정도 점수가 나올 수 있다. 하지만 수능은 주어진 범위가 없고, 풍부한 어휘와 문법을 기반으로 논리적 사고와 추론 능력을 요구하기 때문에 암기로 돌파해낼 수 없다. 학생들은 이 사이에서 갈등하며 내신파와 수능파로 나뉘면서 어느 하나를 포기해야 하는 입장에 놓이게 된다.

이처럼 서로 다른 일관성 없는 초중고 공교육의 영어교육은 사교육을 받느냐 안 받느냐, 어떤 사교육을 받느냐에 따라 학생들의 영어 수준에 큰 차이를 만들어 낸다. 그리고 학생들은 고등학교 영어가 어떻게 펼쳐질지 전혀 예상하지 못한 채 중학교에 다니고, 초등학생들도 중학교 영어가 어떻게 달라질지 예상하지 못한 채 초등학교에 다니다가 달라진 영어 평가에 모든 원인을 자기 탓으로 돌리며 좌절한다.

많은 영어 학원도 학생들의 실력을 키워주기보다는 학교에서 성적을 잘 받게 하려고만 하며, 거시적인 관점에서 영어를 가르치지 않고, 미시적인 영어를 가르친다. 그래서 고등학교에 올라가면 영어 영양실조에 걸려 있음을 깨닫게 된다. 또한 학생들은 영어 학원을 다니다가도 영어 성적이 제대로 나오지 않으면 학원을 탓하며 이 학원, 저 학원으로 옮겨 다니며 학원 순회를 하기도 한다.

영어는 여행을 위해 간단하게 구사만 하면 되는 정도의 가벼운 언어로 목표를 잡고 공부해서는 안 된다. 영어를 통해 새로운 학문의 세계로 들어갈 수 있고, 세계와 소통하며 풍부한 정보력을 가지려면 논리력과 추론 능력을 갖출 수 있는 영어 실력을 키워야 한다. 또한 영어를 통해 비판적 사고를 키우고 이에 수반되는 문제해결 능력까지 만들어 내는 언어로 기대하며 공부해야 한다. 이러한 영어 능력을 알고 나라에서도 영어를 제1언어로 지정해 놓은 것이 아닌가. 그렇다면 그에 맞는 커리큘럼이 제시되어 있어야 한다. 현재 공교육의 영어교육은 벼랑 끝에 서서 21세기 교육의 방향을 찾지 못하고 있다.

학교에서
영어를 가르치고
있다는 착각

영어에서 "'~사이에'를 뜻하는 전치사 'between'은 두 가지 사이를 나타낼 때, 'among'은 세 가지 이상의 사이를 나타낼 때 사용되는 전치사이다." 중학교 때 가르쳐주는 between과 among에 대한 설명이다. 하지만 among이 세 가지 이상의 사이에 있는 것을 나타낼 때부터 사용 가능한 게 맞긴 하지만 between도 두 가지 사이뿐만 아니라 세 가지 이상의 사이를 나타낼 때 사용할 수 있다. 단 between은 개별적인 것들 사이를 나타낼 때, among은 집단 사이에 있는 것을 나타낼 때 사용한다.

중학교 때 배우는 if 가정법에서는 두 절 사이에서 짝을 이루며 규칙적으로 나오는 시제를 중요하게 다루는데 시제 사용이 상황에 따라 너무나 예외가 많다. 뿐만 아니라 영어의 불규칙적인 문법은 셀 수 없이 많으며 관용구적인 표현도 너무 많아서 규칙적인 문법만을 단순 암기하게 하여 중학교에서 한정적인 영문법을 학생들에게 가르쳐서는 안 된다. 본문을 외워버리면 영어 시험을 잘 볼 수 있도록 시험문제를 출제할 경우 학생들은 영어의 세계가 이 정도일 거라는 착각을 하고, 영어가 어떻게 펼쳐지는지 모르고 중학교 3학년이 되면 마치 영어 공부를 다 끝낸 것으로 단정 짓게 된다.

언어교육은 논리적 사고와 매우 밀접한 관계가 있고 나이가 들어갈수록 논리의 능력도 달라지기 때문에 커지는 논리력에 따라 그 내용에 맞는 영어교육이 진행되어야 한다. 따라서 영어에서 영어교육을 끝낸다는 것은 있을 수 없는 일이다. 논리력을 계속 키우기 위해서는 탄탄한 문법 실력을 바탕으로 한 추상적인 글을 계속 읽어 나가야 하는데 중학교의 맛보기식 문법으로는 수준 높은 논리력을 바탕으로 하는 고등학교의 글을 이해할 수 없다.

언어는 인간이 인간답게 살 수 있도록 해 주는 매우 중요한 도구이다. 특히 21세기 영어라는 언어는 모국어 외에도 모르면 안 되는 또 하나의 언어가 되었다. 영어는 세상과 소통하는 도구로써 안목을 키워주고, 세상을 더 멀리, 더 넓게 볼 수 있게 해 주기 때문이다. 한국말이 전달하는 배움과 정보력에는 한계가 있다. 영어는 오늘날 거의 무한한 정보와 배움을 전달해 준다. 특히 대학에 가고 학문을 하는 학생들이라면 영어를 깊이 알수록 누릴 수 있는 학문적 세계와 정보력은 광대하며 이러한 지식은 좀 더 수준 높은 삶을 살 수 있도록 이끌어 주는 높은 시선과 안목을 갖추게 한다.

한국에
영어 선생님이
있다는 착각

한국 공교육의 영어교육은 그 커리큘럼도 문제지만 영어 선생님의 수도 현저히 부족하다는 게 큰 문제점이다. 교육 개혁에 성공하여 세계 최고 초중고 교육을 자랑하는 핀란드. 한 교사와의 인터뷰가 인상 깊었다. "우리나라에서는 도시에 살든 지방에 살든, 부자든 가난하든, 모두가 동일한 교재와 교육 커리큘럼으로 교육받게 됩니다." 지역이나 빈부의 격차와는 무관하게 동등한 교육을 받을수 있는 이유는 수준 높은 교육 커리큘럼이 존재하고, 그러한 커리큘럼을 수행해 낼 수 있는 교사를 국가적인 차원에서 책임지고 충분히 양성하고 있기 때문이다. 나라가 사립학교를 허용하지 않고, 공교육으로 학생들의 교육을 책임지겠다는 정책이라면 전국의 학생들이 동등한 교육을 받을 수 있다는 전제가 있어야 하며, 국가는 이를 위해 충분한 수의 교사를 양성해야 한다.

핀란드는 1968년경 나라의 미래와 아이들의 행복을 위해 교육개혁이 시급하다는 것을 알게 되었다. 정부는 교육개혁은 오랜 시간이 걸릴 것을 예상하고 1978년까지 최종적으로 개혁을 정착시킬 계획으로 개혁을 시작했다. 이 중에서 가장 주목할 만한 것은 바로 핀란드의 수준 높은 교사 양성이다. 핀란드에서 선생님이 되기 위한 대학 진학 성공률은 10%밖에 되지 않을 정도로 고등학교 때 우수한 성적을 받아야 한다. 그리고 왜 선생님이 되고자 하는지 엄격한 인터뷰를 통과해야 하고, 대학 졸업 후 교육대학원을 반드시 거쳐야 하며, 1년의 인턴십까지 마쳐야 한다.

그래서 핀란드에서 선생님이 되려면 총 7년의 세월이 요구된다. 이렇게 양성된 선생님들에 대한 관리는 통제보다는 신뢰를 바탕으로 이루어지 때문에 선생님들에게 교육의 자율성을 부여한다. 따라서 선생님들은 자부심을 갖고 창의적인 교육 방법을 동원하여 자발적으로 학생들을 가르치게 된다. 틀에 박힌 기계적인 가르침보다는 연구를 기반으로 가르치게 되어 직업 만족도도 상당히 높을 뿐만 아니라 핀란드의 선생님들은 의사나 변호사보다 더 존경받는다. 아이들을 인간답게 살 수 있도록 키워 주는 분들이니 존경받아야 하는 직업인 것은 당연하다. 세계에서 가장 높은 고등학교 졸업률을 가진 핀란드 교육개혁의 성공은 수준 높은 교사의 안정된 공급에 있다.

미국이나 영국은 명문 사립학교가 존재하기 때문에 부유한 가정에서는 자녀들을 사립학교에 보내서 특별한 교육을 받게 하기도 한다. 이들 사립학교가 공립학교와 다른 점은 우수한 학교 시설과 다양한 방과 후 활동 프로그램 외에 석사 또는 박사학위까지 소지한 수준 높은 선생님을 보유하고 있다는 것이다. 그리고 사립학교이다 보니 우수한 선생님들을 자체적으로 채용하는 것이 가능하다. 우리나라는 사립고등학교가 있긴 하지만 교육 커리큘럼은 나라의 통제를 받기 때문에 미국이나 영국처럼 자주권 (autonomy)을 가진 사립학교라고 할 수 없다. 따라서 우리나라의 사립고등학교는 미국이나 영국의 사립학교 교육 모델을 따라갈 수 없다. 지역과는 무관하게 동일하고 평등한 교육을 받을 수 있는 핀란드의 교육 모델이 우리가 추구하고 모색해야 할 교육 모델에 가깝다.

우리나라는 공교육 시스템을 따르고는 있지만 핀란드의 공교육과 질적으로 매우 다르다. 특히 영어 과목에서는 학교를 졸업해도 영어를 제대로 사용할 수 없는 시스템이다. 능력 있는 학교 영어 선생님의 수가 현저히 부족하다는 데 그 이유가 있다. 영어는 다른 과목처럼 지식만을 배우는 과목이 아니다. 문법 지식과 어휘력을 갖춰야 할 뿐만 아니라 정확한 발음, 말하기, 듣기, 쓰기 등 실제로 영어를 사용해 볼 수 있도록 해야 하는데 이를 위해서는 이러한 과정을 가르칠 수 있는 실력 있는 영어 선생님이 필요하다.

뿐만 아니라 영어를 읽고 말할 수 있는 기회를 늘리기 위해서는 한 반의 학생 수를 줄여야 하므로 다른 과목에 비해 적어도 3배 이상의 영어 선생님이 필요하다. 영어 선생님은 영어에 대한 문법적 지식이나 읽기 능력뿐만 아니라 영어권에 대한 문화적인 이해력이 요구된다. 사실상 우리나라 교사들은 이러한 능력 중 한두 가지 정도만 갖추고 있고, 그 수도 턱없이 부족하다. 이러한 공교육의 현실을 알고 학부모들은 영어교육을 사교육에 맡긴다. 하지만 사교육도 영어 선생님이 부족한 것은 마찬가지다. 대도시와 멀리 떨어진 지방일수록 영어 강사 부족으로 낮은 수준의 영어교육을 받거나 선생님 없이 혼자서 영어를 공부하는 단말기 기반의 영어교육을 받아야 한다.

요즘 대면 수업 없이 인강이나 다양한 온라인 수업 및 영어교육 앱이 많이 있지만 이와 같이 일방적으로 따라 하는 영어 수업은 인지능력이 폭풍 성장하는 초등학교 5~6학년 아이들의 인지발달에 기여할 수 있을 만큼의 충분한 영어교육이 되지 못할 뿐만 아니라 고학년이 되면 영어 문장이 복잡해져 앱으로 공부하는 것은 불가능하다. 예를 들어 영어는 문자 그대로의 뜻이 있는 외연적인 의미(denotative meaning)의 단어와 상황에 따라 부정적 또는 긍정적 의미를 함축적으로 가진 의미(connotative meaning)의 단어가 있는데 우리나라 말에 비해 그 정도가 매우 심하다.

영어에서 집을 뜻하는 house는 건물 구조의 한 형태인 주택을 의미하지만, 한국말로 또 집이라고 부르는 home은 쉬는 곳, 가족, 안전 등 정황에 따라 다르게 해석이 되어야 한다. 이러한 영어의 특징을 알고 영어를 단순 암기하지 않고, 확장적으로 공부하기 위해서는 어릴 때부터 많은 리딩을 통해 단어의 변화를 인지하여 유연한 의미 해석 능력을 키워야 한다. 이를 위해 실력 있는 영어 선생님이 꼭 필요한 것이다. 이처럼 깊고 복잡한 영어교육를 인강이나 앱에 맡기게 되면 자신이 영어 글을 제대로 해석하고 있는지 확인도 되지 않고 점점 확장되는 영어를 접하면서 끝이 없다는 생각이 들어 영어를 포기하게 되거나 반쪽짜리 영어를 배우는 것으로 끝나게 된다.

많은 학생들이 영어를 포기하는 이유는 자신들의 문제가 아니라 사실상 나라가 영어를 제대로 가르칠 수 있는 영어 교사를 양성하지 못해서이다. 한국의 공교육은 영어의 특징을 잘 알지 못하고 다른 과목과 똑같이 가르치고 있다.

영어는 글로벌 사회와 문화를 이해하고 소통하고 정보를 습득할 수 있는 필수 도구이며, 비판적 사고를 키워주는 데 결정적인 역할을 하는 도구이다. 그런데 우리나라는 이런 영어를 가르칠 수 있는 교사는 없고 영어 시험만 가르치는 영어 교사만 있다. 영어를 가르쳐 줄 수 있는 영어 교사가 없으니 학교에서 좋은 영어 성적을 받아도 성인이 되었을 때 영어를 못하는 것은 당연한 결과이다.

대학 가서도 영어를 공부해야 한다는 착각

1760년 산업혁명 이후로 영국의 교육은 완전히 달라졌다. 산업혁명 이전까지 가난한 아이들은 학교에 다니지 못했지만 학교 교육이 삶의 중요한 부분이 되어 빈부에 상관없이 영국의 모든 아이들이 학교에 다니게 되었다. 필수 학교 교육이라는 교육제도를 통해 배움이 커지는 시민을 바탕으로 영국은 점점 강대국으로 성장했으며, 더 많은 사람에게 필요한 교육을 제공하기 위해 도서관이 지어지고, 나라의 산업을 뒷받침할 대학과 다양한 학과들이 생기기 시작했다.

이후 수많은 자료들이 영어로 축적되고 전문 분야의 용어들은 대부분 영어로 되어 있어 대학교에서는 원서를 사용하는 것이 일반적이고, 21세기 정보화 시대에 들어오며 영어로 된 정보의 양은 그 어떤 언어보다 압도적으로 많아졌다. 특히 인터넷 시대가 도래함에 따라 우리나라에서 영어는 더욱 중요한 언어가 되었다. 한자를 많이 사용하면 지식인으로 여기던 시대에서 이제는 영어를 사용해야 지식인으로 여기는 시대로 변했다. 하지만 현재 한국 대학생들의 영어 활용 능력은 20년 전과 크게 달라진 것이 없어 보인다.

영어는 가장 많은 자료를 축적해 놓은 언어이기 때문에 대학교에서 다루는 전문 서적들은 당연히 영어로 된 서적일 수밖에 없다. 번역서가 많지 않고 주로 영어 원서를 봐야 하는 심리학과 같은 학문은 영어가 부족할 경우 석박사까지 공부를 이어 나가는데 제한이 따르기도 한다. 고등학교까지가 영어의 언어적 실력을 키우는 시기라면 대학에서는 그 영어를 실질적으로 사용하여 전공과목 서적과 교양과목 서적들을 읽으며 활용해야 하는 시기이다.

그런데 우리나라의 대학생들은 영어 실력이 부족하다 보니 대학에 진학하면 또다시 영어 공부를 한다.

20여 년 전, 수강 신청한 교양과목을 듣기 위해 교수님을 기다리며 대학 강의실에 앉아 있는데 교수님이 들어오시며 인상적인 말씀을 하셨던 기억이 난다. 그 교수님은 도서관에서 공부하고 있는 대학생들이 펼쳐 놓은 책에 대해 불만스럽게 얘기하셨다. 토익 단어장을 펴고 외우는 대학생들이 왜 그렇게 많냐는 것이었다. 대학생이 아직도 영어를 그렇게 공부하면 어떡하냐고, 대학은 그렇게 공부하는 곳이 아니라고 말씀하시며 한숨을 쉬시고는 바로 수업을 시작하셨다. 그런데 그 20년 전의 장면이 아직도 우리나라 대학교 도서관에서 펼쳐지고 있다. 지금도 대학생들은 토익 단어를 외우고 토익 기출문제를 풀고 있으니 그때나 지금이나 달라진 것이 하나도 없다. 토익은 영어 활용 능력을 평가하는 시험이다. 영어에 대한 활용 능력이 있다면 시험점수는 잘 나올 것이다. 그런데 대학생들은 영어 활용 능력을 키우기보다 시험을 위한 시험을 준비하여 점수만 잘 받자는 심상이다.

초중고 영어교육 커리큘럼이 제대로 되어 있다면 대학교 4년 동안 학문을 통해 영어를 연습하며 토익시험 준비를 하지 않아도 될 것이다. 사실 4년제 대학 졸업생이라면 토익시험 점수는 따로 만들 필요 없이 대학을 졸업한 것만으로도 영어 능력을 인정받을 수 있어야 한다. 하지만 우리나라 초중고의 잘못된 영어교육은 대학에서 영어를 온전히 연습할 수 없어 토익이라는 시험을 준비하고 이를 통해 다시 영어 능력을 검증받게 만들었다. 우리나라 공교육이 얼마나 형편없는 영어교육을 하고 있는지 잘 보여준다.

우리나라 대학입시제도는 영어의 중요성을 더 떨어뜨리고 있다. 수시 입시제도인 교과와 학종은 수능 과목 중 지원하는 대학의 요구사항에 맞춰 수능에서 적게는 두 과목에서 많게는 네 과목까지 최저 점수를 맞춰야 하는데 수능 최저 과목을 선택할 때 영어는 필수과목이 아니다. 그래서 많은 학생들이 외워서 보는 내신 영어 시험에만 신경을 쓰고 진짜 영어 실력은 키우려고 하지 않는다.

수능 영어는 범위가 없고, 논리력과 유추해 내는 사고

력을 요구하기 때문에 실제 학문을 위한 영어 실력을 요구한다. 따라서 수능 최저 점수를 위해 선택하는 과목 중 영어를 선택하지 않는 경우, 영어 실력이 부족하다는 것을 의미한다.

영어는 학문 서적을 읽고 이해하기 위해서도 꼭 필요하지만 단순 언어 외에도 대학생이라면 자기 생각을 주장하고 상대방을 효과적으로 설득할 수 있는 언어 능력을 갖춰야 한다. 이처럼 지성인으로서 갖춰야 하는 설득력을 수사학(rhetoric)이라고 한다. 그리스 철학자 아리스토텔레스는 효과적으로 설득하고 상대방에게 영향을 끼치기 위해 필요한 수사학의 세 가지 방식인 로고스(logos), 파토스(pathos), 그리고 에토스(ethos)를 제시한다. 로고스는 설득력 있는 말이나 글을 위해 이성적, 논리적 사고를 사용하는 것을 뜻하며, 에토스는 메시지를 전달하는 자의 권위, 인성, 경험 등 메시지 전달자에 대한 신뢰성을 바탕으로 상대방을 설득하는 것이다. 그리고 파토스는 교감과 공감을 불러일으켜 감정에 호소하는 것이다. 아리스토텔레스의 수사학은 고등학교 수준에서 학생들에게 가르쳐야 하는 것이며 대학에 들어가서는 수사학을 적용할 수 있어야 한다. 그런데 우리나라는 대학교에 가서도 또다시 언어를 공부하고 있다.

　대학은 지성인을 양성하는 곳이다. 21세기 글로벌 시대에 지성인이 되기 위해 기본적으로 갖춰야 하는 것은 영어다. 대학 졸업장은 이러한 21세기 역량을 입증하는 졸업장이어야 한다. 우리나라 학생들이 토익의 굴레에서 벗어나기 위해 초중고 영어교육은 완전히 달라져야 한다.

레벨 테스트가
필요하다는
착각

    우리나라 학부모들과 영어 상담을 할 때 가장 많은 질문은 "기존 반에 따라갈 수 있을까요?"와 "우리 아이의 레벨을 보셔야 하죠?"이다. 그리고 레벨이 낮게 나오면 낮은 반에, 높게 나오면 높은 반에 들어가게 되고 부모들은 아이의 수준에 맞게 들어갔다고 안심한다. 하지만 초중고 학생들의 영어 수업과 성인들의 영어 회화 수업을 혼동해서는 안 된다. 회화 수업은 수업 시간에 말하면서 연습하는 형태이고 어른들의 인지능력은 다 자란 상태이기 때문에 영어 수준이 비슷한 사람들끼리 모여야 대화 연습이

가능한 것은 사실이다. 하지만 초중고 아이들의 영어교육은 아직 인지능력이 자라고 있기 때문에 영어의 어휘, 문법, 문화, 배경지식 등이 각각의 인지능력에 맞춰진 글을 통해 영어교육이 이루어져야 모든 면에 있어서 효과적이다. 따라서 현재 영어 실력보다 인지력과 논리력이 비슷한 나이대가 모여 언어를 공부하는 것이 더 효과적이다.

초등학교 3학년까지의 아이들은 추상적인 개념을 이해할 수 없기 때문에 주로 자연과 실제 삶에서 나오는 글로 가르쳐야 하고, 초등학교 4학년부터는 비유적인 개념을 이해할 수 있는 나이이기 때문에 비유적인 표현의 글이 영어교육의 자료로 사용될 수 있다. 만 12세부터는 논리력이 향상되는 시기이므로 논리적인 글로 영어를 공부해야 한다. 레벨이 낮다고 초등학교 6학년 아이가 초등학교 3학년이 이해하는 수준의 글로 영어를 공부하면 이해하기가 쉬워 마음은 편할 수 있지만 그 아이는 배우는 것이 없게 되고 영어로부터 자신의 인지능력 향상에 도움을 받을 수 없다.

따라서 성장하고 있는 아이들의 경우 현재 그 아이의

영어 레벨을 중요하게 여길 것이 아니라 문법을 모른다면 추가로 문법 수업을 듣도록 하되 영어교육을 위해 사용되는 글의 수준을 낮춰서는 안 된다. 예를 들어 한국말만 하는 5학년 아이가 갑자기 영어로 말하는 학교에 입학한 경우 영어를 한마디도 못하니 1학년으로 들어가라고 하지 않는다. 영어를 한마디도 못하는 아이라도 5학년 인지능력 수준이 맞는 학년에서 그 또래에 맞는 수준의 영어를 접해야 시간이 지났을 때 같은 나이대 아이들의 어휘력이 쌓이게 되고 그 어휘들을 바탕으로 문법 실력과 독해력도 생기게 되는 것이다.

영어를 못한다고 1학년 반에 들어간다면 시간이 지나도 1학년 영어 수준에만 머물러 있게 된다. 특히 언어는 수학처럼 학습의 순서가 있는 것이 아니기 때문에 적어도 중학교 2학년까지는 영어를 늦게 시작해도 같은 나이대 아이들이 하는 수준에서 비슷한 수준의 글로 영어를 공부할 기회를 제공하는 것이 중요하다. 물론 3개월에서 길게는 6개월까지도 이해가 안 되고 하나도 모르겠다고 할 수 있다. 하지만 언어는 처음부터 100% 이해하고 가는 것이 아니다. 언어는 절대적으로 노출 시간이 중요한데 현재 다른 아이들보다 영어 수준이 낮다는 것은 그만큼 영어 노출 시간이 적었다는 뜻이고, 이미 지나가 버린 시간을 추월할 방법은 영어를 배울 때 사용하는 재료이다. 한정된 시간 속에서 인지능력에 맞는 풍부하고 많은 내용이 담긴 영어 콘텐츠로 그동안의 시간을 추월해 내는 것이다.

우리는 갓 태어난 아기에게 계속 문장으로 말을 걸고, 말을 하도록 유도한다. 말을 못 한다고 해서 말을 거는 것을 중단하지 않는다. 문장을 못 만든다고 해서 단어만 가지고 말을 걸지도 않는다. 아기가 하나도 못 알아듣는 것 같아도 시간이 지나면 어느 순간 말을 하고 문장을 만들며 말하기 시작하는 원리와도 같다.

그런데 우리나라에서 영어 학원의 레벨 테스트는 일반화되어 있다. 레벨 테스트를 받고 수준에 맞게 영어 공부를 하는 것이 좋다고 생각한다. 영어 학원은 이런 레벨 테스트를 통해 불필요한 열등의식을 갖게 하고 권위적인 태도로 교육하며, 많은 부모들은 아이들의 수준에 맞게 가르치니, 이러한 방법이 좋다고까지 생각한다. 이것은 언어의 특징을 전혀 모르는 방식이다. 그래서 우리나라 부모들은 학원에 같은 돈을 내고 자신들의 아이가 낮은 레벨에 배정되어 교육받는 것을 마다하지 않는다.

공교육이 존재하는데도 우리 아이들은 극단적으로 다른 영어 레벨을 갖고 있다. 그리고 공교육이나 사교육이나 그 차이 나는 레벨을 좁힐 생각은 하지 않고, 오히려 레벨 테스트를 통해 아이들에게 열등의식을 키워주고 있다. 영어 레벨 테스트는 아이들의 인지발달을 고려하지 않는 영어교육의 편리만을 추구하는 잘못된 교육 방법이다.

영어 레벨 테스트가
영어 레벨을 테스트하는
것이라는 착각

　현재 아이들이 가진 영어 레벨과 역량을 혼동해서는 안된다. 영어 노출이 잘 안되어 현재의 영어 실력이 부족하다고 하더라도 역량이 부족하다는 뜻은 아니기 때문이다. 영어는 레벨이 중요한 것이 아니라 영어를 가르치는 방법과 내용이 중요하다. 그리고 영어에 얼마나 많은 시간을 노출할 것인지가 중요하다. 영어 5등급 아이와 영어 1등급 아이는 레벨별로 보면 함께 공부할 수 없다. 하지만 1등급을 받는 아이나 5등급을 받는 아이가 도달해야 하는 목표에 맞는 수준의 교육 커리큘럼으로 지도했을 때 5등급 아이가 10개월 뒤 1~2등급까지 점수를 올리는 것을 나는 수도 없이 보아왔다. 언어 교육에 있어서는 현재 그 아이의 언어 수준이 중요한 것이 아니라 교육 콘텐츠와 커리큘럼 그리고 아이의 의지와 동기가 중요하다.

영어 레벨 테스트는 영어 실력의 향상이라는 목표에 맞춰져 있는 것이 아니라 교육기관이 영어를 좀 더 편하게 가르치기 위한 것이다. 비슷한 나이대에 수준이 다른 아이들이 있으면 선생님이 더 신경을 써야 하기 때문이다. 하지만 그것이 선생님의 역할이고 교육기관의 역할이 아닌가.

계급을 만들어주는 교육은 더 이상 해서는 안 된다. 아이들을 수준별로 레벨을 나눠 가르치지 말고 영어를 공부할 수 있는 충분한 동기가 부여되어 있는지, 영어교육에 필요한 문화적인 요건을 가졌는지 등을 살피며 열심히 참여할 수 있도록 동기를 유발해야 한다. 동기만 있다면 레벨을 나누지 않고도 영어를 효과적으로 가르칠 방법은 무궁무진하다. 아이들의 정서와 효과적인 교육을 위해 방법을 달리해야 한다.

영어를 배우는 순서에 대한 착각

　　영어를 배우는 과정은 코스 요리를 먹는 과정과 같다. 코스 요리는 메인 요리가 나오기 전 식욕을 돋우고, 메인 요리를 맛있게 먹고, 위가 포만감을 느낀다는 것을 뇌에 알리는데 필요한 충분한 시간을 갖게 함으로써 식사를 온전히 즐길 수 있도록 만들어진 식사 방법이다. 코스 식사에서 애피타이저(appetizer), 수프(soup), 샐러드(salad), 메인 요리(main dish), 디저트(desert)까지 순차적으로 나오며 동시에 먹지 않고 코스마다 음식을 즐긴다. 그리고 이 코스의 순서를 지킬 때 그 식사를 만족스럽게 마칠 수 있다. 그런데 많은 사람이 코스 요리를 시켜 놓고 디저트부터 먹거나 메인 요리를 바로 먹으려고 한다. 이렇게 순서를 지키지 않고 먹어버리면 돈도 낭비될 뿐만 아니라 체할 수도 있다. 급하다고 해서 메인 요리가 나오기도 전에 디저트를 먼저 먹어버린다거나 애피타이저를 건너뛴다면 메인 요리의 진짜 맛을 볼 수 없다. 영어도 코스 식사처럼 순서를 지켜야 훨씬 더 즐겁게 공부할 수 있고, 효과적으로 영어 실력을 키울 수 있다.

코스의 첫 번째 단계: 애피타이저

애피타이저는 식욕을 돋우며 메인 요리를 맛있게 먹을 수 있도록 준비시키는 음식이다. 그래서 코스 식사의 가장 앞에서 제공된다. 영어를 배우는 과정에도 애피타이저가 필요하다. 영어의 애피타이저는 영어와 친숙해지면서 영어에 대한 마음을 여는 과정이다. 영어는 언어적으로나 문화적으로 한국어와는 너무 다른 언어이기 때문에 영어를 처음 접하면 마치 먹어 보지 않은 음식을 먹는 것처럼 어색하고 두려울 수 있다. 한 언어를 완벽하게 하기 위해서는 긴 시간이 필요하므로 이에 대한 마음의 준비와 동기가 필요하다. 본격적으로 공부하기 전 영어와 친숙해지는 시간을 갖는 것이 필요하다. 영어로 된 노래를 듣고, 서구권 음식을 먹어 보고, 영어권 영화를 보며 그들의 문화를 이해하며 마음의 문을 여는 것이다.

코스의 두 번째 단계: 수프

애피타이저의 시간을 가졌다면 수프를 넘기듯 영어를 부드럽게 삼켜 보는 시기다. 한 번에 100% 다 이해하려고 할 필요 없다. 외우려고 할 필요도 없다. 영어로 된 쉬운 문장을 접하고 그림이나 영상과 함께 글의 의미를 이해해 나가도 좋다. 영어의 글을 소리 내어 읽어보고 발음해 보며, 발음에 초점을 두자. 수프 먹는 시간은 부드럽게 그 시간을 보내는 것이다. 그러니 서두르지 말고, 조급해하지도 말고, 이해하지 못하더라도 영어 글을 소리 내어 읽어보자. 최대한 광범위하게 다양한 단어를 발음해 보며 혀근육을 영어에 적응시키자.

코스의 세 번째 단계: 샐러드

샐러드는 앞으로 먹게 될 메인 요리를 잘 소화하기 위해 위를 운동시키는 과정이다. 글을 읽고 문장의 뜻을 찾아가며 어휘를 확장해 나가면 된다. 문법을 공부하기 전 기본 어휘가 필요하기 때문에 기본 어휘를 확보해 나가는 시기라고 할 수 있다.

코스의 네 번째 단계: 메인 요리

가장 무거운 음식을 먹는 메인 코스는 소화능력을 요구하는 과정이다. 영어의 소화능력을 향상하는 것은 바로 문법이다. 많은 사람이 중고등학교 때 영문법을 공부해도 회화에 도움이 되지 않는다고, 마치 문법이 불필요한 것처럼 말한다. 또한 세계에서 세 번째로 복잡한 구조를 가진 영문법 공부를 번거롭다고 생각하여 제대로 공부하는 사람이 많지 않다. 문법책 한 권을 다 봤다고 해서 영문법을 다 아는 것은 절대 아니다. 중학생들이 보는 영문법 책에는 기본이 되는 문법만 소개되어 있다. 사실상 영어 소설책이나 뉴스에서 나오는 말을 이해하기 위해서는 중학

교 영문법 이상의 문법 지식이 필요하다. 문법을 위해서
는 영어 단어의 품사에 대해 잘 알고 있어야 한다. 어휘와
문법이 맞물린 문법 지식이 있어야 문법 활용 능력을 향
상할 수 있기 때문이다.

문법 활용 능력을 갖추게 된다면 영문으로 된 글을 읽
고 해석하며 영어 실력을 키울 수 있다. 영어는 그 표현
방법이 상상을 초월할 정도로 다양하다. 적당히 어휘를
알고 문법 지식을 갖추고 있다고 해서 뛰어난 해석 능력
으로 생각을 구사할 수 있게 되는 것이 아니다. 다양한 분
야의 광범위한 글을 읽고 깊이 있게 분석하며 많은 시간
을 투자해야 한다. 영어의 메인 요리 과정은 가장 많은 시
간을 투자해야 하는 단계이다.

코스의 다섯 번째 단계: 디저트

마지막 과정은 디저트이다. 디저트는 말 그대로 내가
노력하는 것이 아니다. 메인 요리 뒤에 딸려 오는 것이다.
그저 달콤한 디저트를 즐기면 된다. 오랫동안 숙련된 문
법 지식과 쌓아온 어휘력을 바탕으로 읽은 글을 통해 자

연스럽게 영어를 듣고 구사할 수 있게 되는 것이다. 다시 말해서 영어를 구사할 수 있는 단계는 원인(cause)에 의해 얻어지는 결과(result)이며 결과는 원인에 의해 얻어지는 것이기에 내가 노력하는 과정이 아니다. 따라서 디저트를 얻기 위해서는 메인 요리를 성공적으로 마치는 것이 중요하다.

많은 사람들이 메인 요리까지의 과정을 거치지 않고, 디저트부터 먹으려고 한다. 회화를 잘하고 싶은 마음에 회화 공부로 바로 뛰어드는 것이다. 어휘력, 문법 지식, 정확한 발음을 통한 리스닝, 문화에 대한 이해 등이 바탕이 되어야 하는데 이 모든 것을 뛰어넘어 말을 잘하려고 한다. 하지만 이런 기적은 절대 일어나지 않는다.

디저트는 상대의 생각이나 의견을 듣고, 자기 생각도 전달하며 영어의 진짜 재미를 누리는 매우 달콤한 단계이다. 디저트는 메인 요리를 끝내야 찾아온다. 많은 사람이 메인 요리를 끝내지도 않고 디저트가 왜 안 나오냐며 불평한다. 메인 요리를 제대로 마치지 않으면 디저트의 시간은 없다.

바이링구얼이
되는 방법에 대한
착각

　이중 언어 사용자(bilingual)란 두 언어에 능통한 사람을 말한다. 간단한 회화와 의사 표현이 그 언어를 할 수 있다는 것인지는 모르지만 이중 언어 사용자라고 부르지는 않는다. 이중 언어 사용자는 모국어가 아닌 다른 한 언어로 생각할 수 있고, 모국어 못지않게 표현할 수 있는 사람을 의미한다. 모국어 외에 다른 언어를 배울 때 우리가 그 언어에 도달하고 싶은 최종 목표는 바로 이중 언어 사용자가 되는 것이다. 하지만 두 언어를 능통하게 사용한다는 것은 쉬운 일이 아니다. 특히 모국어와 완전히 다른 언어를 모국어처럼 구사하는 것은 비슷한 언어를 공부하는 것보다 훨씬 더 많은 노력과 시간이 필요하다. 영어가 그렇다. 영어는 한국어와 유사한 점이 하나도 없는 매우 이질적인 언어이기에 좀 더 전략적이고 효율적인 방법으로 공부해야 한다.

많은 사람이 다양한 방법을 통해 영어를 배우지만 이 중 언어 사용자가 되기 위한 과정을 잘 알지 못하고 공부하다가 어느 시점에 이르러 그 언어를 더 이상 발전시키지 못해 중단하게 되는 경우를 많이 보게 된다. 자신이 처해 있는 환경에서 이중 언어 사용자가 되는 방법에는 어떤 게 있는지 알고, 더욱 효율적인 방법을 선택하여 꾸준히 노력할 때 그 효과를 기대할 수 있다.

이중 언어 사용자가 되기 위해서는 자신의 환경을 먼저 잘 알고 그것에 맞게 공부해야 한다. 환경은 크게 세 가지의 환경이 있다. 첫 번째는 두 언어가 융합적으로 사용될 수 있는 환경이고, 두 번째는 두 언어가 협조적 구조로 되어 있는 환경이다. 세 번째는 모국어를 지렛대로 사용하여 하루 중 영어에 투자되는 시간이 적더라도 지속시간을 길게 가며 진행되는 모국어 지렛대 사용 방식의 이중 언어 사용자가 되는 것이다.

두 언어의 융합적 사용 환경으로 바이링구얼 되기

두 언어가 융합적으로 사용되는 환경은 태어난 나라에서 두 언어 이상을 공용어로 지정해 자연스럽게 두 언어를 어릴 때부터 사용하며 자라는 경우이다. 또한 부모가 서로 다른 국적을 갖고 서로 다른 언어를 사용하는 가정에서 어릴 때부터 두 언어를 동시에 들으며 자라게 되는 경우이다. 어릴 때 자연스럽게 두 언어를 들으며 성장한다는 것은 상당히 유리한 위치에 있게 되는 것이다. 만 12세 이전까지는 좌뇌와 우뇌를 모두 사용하여 언어를 습득하게 되므로 자연스럽게 두 언어를 받아들이게 되기 때문이다.

우리나라에서 영어교육을 위해 유아 때부터 영어유치원에 보내는 것이 바로 두 언어를 융합적으로 사용할 수 있는 환경을 인위적으로 만들어 주는 경우이다. 한국말도 아직 잘 모르는 3~4세의 아이들을 영어에 노출함으로써 영어를 모국어처럼 자연스럽게 습득하도록 하는 것이다. 두 언어가 융합적으로 사용되는 환경에서 이중 언어 사용자가 되기 위한 효과를 위해 중요한 것은 모국어에 능통해지기 전에 시작해야 한다는 점이다. 모국어에 어느 정도 능통해지는 7~8세에는 이미 모국어 의존도가 높아 갑자기 못 알아듣는 언어로 설명 없이 대화할 경우 거부반응을 하거나 어떻게 소통해야 할지 몰라 영어에 대한 트라우마를 겪을 수 있다.

어린 시절부터 영어유치원을 다니며 영어와 한국어를 동시에 접했다 하더라도 이러한 환경이 꾸준히 계속 이어지지 않는다면 뿌리를 내리지 못하기 때문에 그 효과를 기대할 수 없다. 영어유치원을 다니다 한국어로 교육하는 초등학교에 다니기 시작하면서 영어교육 시간은 현저히 줄어들게 된다. 영어유치원의 효과를 볼 수 없는 것은 이런 이유 때문이다. 영어유치원을 다니다가 한국어로 수업하는 초등학교에 다니며 계속 융합적 언어 환경을 이어가려면 5학년까지 최소 매일 3시간씩 영어 공부가 이어져야 한다.

두 언어의 협조적 구조 환경으로 바이링구얼 되기

두 번째 이중 언어 사용자가 되는 방법은 두 언어가 서로 협조적인 구조로 되어 있는 환경이다. 모국어가 어느 정도 능통해진 상태에서 영어 사용 시간을 길게 하여 언어를 배우는 것이다. 학교에서는 주로 영어로 공부하고, 집에서는 한국말을 사용한다거나 한국어로 공부하는 학교를 마치고 하루 3시간 이상 매일 영어만 사용하는 영어 학원에서 영어를 배우는 것이다. 영어로만 수업을 한다는 것은 부족한 영어 실력으로 설명을 들으며 배워 나간다는 것을 의미한다. 국제학교에 다니는 듯한 느낌을 주어 교육의 만족감은 높을 수 있지만 실제로 제대로 이해하고 있는지 확인이 어렵기 때문에 주의해야 한다.

영어를 완벽하지 않은 실력으로 배운다는 것은 아이가 무엇을 알고 무엇을 모르는지 확인할 수 없다는 뜻이다. 아이는 스스로 시행착오를 겪으며 영어를 배워 나가야 한다. 하루 1~2시간 정도의 영어 수업으로는 시행착오를 겪기에 충분하지 않다. 이 방법이 효과적으로 되려면 적어도 학교 수업량만큼 비슷한 시간이 요구될 수밖에 없다.

이렇게 공부하는 경우 리스닝에는 상당히 효과적이다. 그리고 감각언어도 빠르게 향상될 수 있다. 하지만 영어 문법에는 무게를 두지 않기 때문에 감각 영어나 짧은 문장을 다루는 경우는 문제가 없지만 고도의 추론 능력과 논리력을 바탕으로 독해가 필요한 영어 지문을 만날 경우 어려움을 겪게 될 것이다.

영어 문법은 세계에서 세 번째로 복잡한 구조로 되어 있다. 그렇게 때문에 문법을 문법 교육 없이 오로지 시행착오를 통해서 배운다는 것은 많은 시간에 다양한 분야의 영어에 노출되어야 함을 의미한다. 이를 해결하기 위해서는 끊임없이 글을 쓰고 첨삭지도를 통해 아이의 영어에 대한 이해를 확인해 나가야 한다. 영어로 에세이를 쓰고 첨삭 지도를 한다는 것은 큰 비용이 드는 작업이다. 따라서 교육비에도 큰 부담이 될 수 있다는 문제점이 있다.

모국어를 지렛대로 사용하는 환경으로 바이링구얼 되기

세 번째는 바로 모국어를 지렛대로 영어를 학습해 이중언어 사용자가 되는 것이다. 이 방법은 이미 능통한 모국어가 다른 언어를 이해할 수 있도록 도와주며 언어를 배우는 것이다. 우리나라에서 한국어로 수업받는 학교에 다니며 일주일에 3~4시간 정도를 영어 공부에 투자하는 방법이다. 이 방법은 영어에 투자하는 시간이 적기 때문에 기간을 길게 잡아 오랫동안 쉬지 않고 영어에 투자하는 것이 특징이다. 그래서 성인이 되었을 때 영어에 능통하기 위해서는 당연히 일찍 시작하는 게 유리하다.

초기에는 영어에 투자한 누적 시간이 적기 때문에 영어가 늘고 있지 않은 것처럼 느껴질 수 있다. 하지만 영어를 사용하지 않는 한국 학교에 다니며 영어를 공부할 때는 비용이나 현실적인 부분을 고려했을 때 모국어를 지렛대로 사용하는 방법이 가장 적절한 방법일 수 있다. 최소 3년 이상 꾸준히 투자했을 때 영어가 늘고 있다는 것을 알 수 있게 된다. 이 방법은 이미 능통한 모국어를 사용하여 영어의 이해를 돕는 형태로써 시행착오 없이 영어에 필요한 지식을 주기 때문에 시간이 지날수록 가속도가 붙는다. 시간의 효율성을 높이기 위해서 인지능력에 맞은 영어 콘텐츠를 사용해야 하며 성장하는 인지력과 함께 영어 능력을 키워나갈 수 있다는 장점이 있다.

모국어를 지렛대로 사용하여 영어를 배울 때의 주의사항은 감각 언어보다 인지 언어, 즉 인지력을 이용하여 영어 공부를 해야 하므로 문법과 광범위한 리딩에 영어가 집중되어야 한다는 점이다. 모국어인 한국어가 보조 언어이기 때문에 글을 한국어로 해석하며 이해해야 한다. 따라서 최대한 많은 영어 글을 접해야 하며, 알고 있는 단어만 사용하게 되는 감각 언어(회화)보다 사회, 세계사, 지리, 과학에서 문학까지 다양한 분야의 글을 읽으면서 영어의 구조와 어휘를 키워나가야 한다.

또한 한국어가 지렛대 역할을 하기 때문에 한국말을 영어로 영작하며 한국어와 영어의 구조가 어떻게 다른지 비교하며 공부하면 영어 구사력을 크게 향상할 수 있다. 한국어가 능통한 상태에서 영어를 배울 때 가장 많이 헷갈리는 것은 한국말의 어순과 영어의 정반대 되는 어순이다. 그러므로 두 언어의 차이를 확실히 구분하고 영어의 어순을 인지하기 위해 한국어를 영작하면서 두 언어의 차이를 분명히 알게 되면 모국어인 한국어로부터 영어를 독립시킬 수 있다.

외국어를 가장 쉽고 힘들이지 않으며 자연스럽게 배울 수 있는 환경은 두 언어가 융합적으로 사용되는 환경이다. 하지만 이러한 환경을 인위적으로 만드는 것은 단시간은 가능할지 몰라도 장기간은 비현실적일 수 있다. 따라서 주어진 환경을 파악하고 앞에서 언급한 세 가지 방법 중 한 가지를 꾸준히 이어 나가는 것이 효율성을 높이고 효과적으로 영어를 배우는 방법이다.

배우고
있다는
착각

20여 년 동안 부모와 자녀들의 영어교육을 상담하며 학생들이 배우는 영어교육 커리큘럼 대해 관심을 갖고 질문하는 부모님은 거의 만나보지 못했다. 중고등학교 학부모 상담에서 나타나는 두 가지 양상이 있다. 그중 가장 많은 질문은 학교 내신 대비를 얼마나 봐주는가 하는 것이다. 학교 내신을 지도하여 학생들이 받게 되는 영어 점수가 영어를 얼마나 잘 배우고 있는지에 대한 척도가 될 수도 있겠지만 중고등학교의 영어 커리큘럼에 대해 전혀 모르는 상태에서 내신 지도만 문의한다는 것은 영어를 얼마나 잘 배우고 있는가에 관심을 두기보다는 영어 점수를 잘 받기 위해서 얼마나 많은 정보를 가졌는지를 물어보는 것과 같다.

또 다른 유형의 학부모는 교육내용에 대해 묻기보다는 영어교육 방법에 대해 지나친 조바심과 의심을 보이며 수업 시간에 영어로 수업하는지, 레벨별로 나뉘어지는지를 묻는다. 하지만 영어교육에서 가장 중요한 것은 교육 커리큘럼이다. 이것이 학생들의 발달에 맞춰 잘 짜여 있는지, 다양한 콘텐츠로 구성되어 있는지가 우선시되어야 한다. 그리고 그다음에 방법이 나와야 한다. 하지만 영어교육 과정이 어떻게 되고, 이 과정은 어떤 목표를 가졌는지 물어보는 학부모는 단 한 사람도 없었다.

영어교육 내용과 목표에 대한 관심은 없고 오로지 경쟁에서 이기는 도구로만 영어가 취급되니 한국의 교육환경에서 영어를 가르치는 것은 쉬운 일이 아니다. 아이들의 성적표가 제대로 영어를 배우고 있다는 뜻이 아니기에 좋은 점수 받기에만 급급한 영어교육은 즐겁지 않다. 영어라는 언어를 통해 아이들이 비판적 사고를 할 수 있도록 도와주고, 정보 활용 능력을 키워주며, 다양한 원서를 통해 경험을 확장해 주는 것이 중요하다. 궁극적으로는 세계와 유대할 수 있게 하는 것이 영어를 가르치는 목표라면 한국에서의 영어교육은 아이들의 생각을 시험출제자에 맞게 좁혀주고, 시험에 나올 만한 것들만 가르쳐 비판적 사고를 할 수 없게 만든다. 시험 외의 다른 영어 관련 서적은 절대 접하지 못하도록 하여 시험을 보지 않으면 영어를 공부하지 않아도 된다는 생각을 심어준다. 세계와 각 개인을 아무 상관없는 로컬(local)한 인재로 만드는 것이다.

학부모들이 학원을 선택하는 기준은 내신 점수를 얼마나 잘 받느냐 하는 것이기 때문에 많은 학원들이 1년 내내 학교 교과를 반복하며, 학교 과목에서 100점을 받게 하는 데 급급하다. 영어는 대부분 암기에 집중되어 있으며 범위가 적은 중학교에서는 50% 이상의 아이들이 90~100점을 받게 된다. 그러나 범위가 10배 이상 늘고 상대평가인 고등학교에 올라가서는 4%대만이 90점 이상 또는 1등급의 영어 점수를 받게 되면서 갑자기 영어 점수가 떨어지는 것을 대부분의 아이들은 경험하게 된다. 시험도 공평하지 않다. 경제적인 여건이 되는 아이들은 학원에 다니며 시험공부에 도움을 받고, 그렇지 않은 아이들은 혼자 공부해야 하는 것도 교육과 반대되는 정신이다. 객관식 시험 또한 몰라도 찍어서 잘 맞으면 점수를 받게 되니 반칙을 허용하는 교육이며 이러한 평가 방식은 아이들을 성숙한 인간으로 성장시키기보다는 어떻게든 점수만 잘 받으면 된다는 인식을 심어주게 된다.

EBS 교육 방송의 한 프로그램에서 대한민국에서 가장 우수한 대학에 들어간 학생들이 자신의 출신 고등학교를 자랑하기 위해 고등학교 점퍼를 입고 다니고, 고등학교 교복을 입는 날을 정하여 대학교에서 특정 고등학교 출신임을 자랑하는 모습을 보여주었던 적이 있다. 이것은 지성인으로 성장하기 위해 간 대학교에서 경쟁에서 이겼다는 자만심을 드러내는 모습이며, 아직 자라지 않은 미성숙함의 극치를 보여주는 사례이다. 이러한 교육 커리큘럼 속에서 시대적 의식으로 세상의 문제를 찾고 해결하고자 하는 글로벌 인재로 성장하는 것은 불가능할 것이다.

배움이라는 것은 지식을 암기해서 객관식 시험에서 답을 찾아 100점을 받는 것이 아니다. 배움은 지식에서 중요한 것을 구분해 내는 사고력을 키우는 것이고, 지식을 세계와 연결하는 것이며, 지식을 재해석하여 세상을 이해하는 것이다. 배움이라는 것은 남과 비교하는 것이 아니라 자신의 부족한 부분을 발견하여 하나씩 채워 가는 것이다. 배움을 통해서 자신의 목표를 이루고 사회의 목표를 이루는 것이다. 그리고 무엇보다도 배우고 있다는 것은 성숙해진다는 것이고 성숙함은 곧 행동 변화에서 찾아볼 수 있어야 한다. 우리나라의 영어교육은 환경에서는 배움은 없고 점수만 있다. 아이들은 영어라는 도구를 점수의 도구로만 사용하고 자신을 인간답게 만들어주는 도구로 활용할 능력을 키울 수 없다.

상대평가가 아니라 평가방법(객관식 VS 서술식)이 문제라는 착각

한국의 고등학교에서는 체육학과를 가려는 학생들, 의대에 가려는 학생들, 그리고 미대에 가려는 학생들과 영문학과에 가려는 학생이 내신이라는 상대평가 제도 안에서 높은 등급을 받기 위해 서로 경쟁해야 한다. 가는 길이 완전히 다른 아이들이 서로를 이겨야만 자신의 길을 갈수 있도록 제도를 만들어 놓은 것이다. 학과마다 필요한 지식과 개성이 다른데 같은 기준으로 학생들을 평가한다.

그리고 학교 선생님들은 학생들에게 대학을 잘 갈 수 있도록 내신을 잘 챙기라고 한다. 상대평가인 고등학교 내신을 챙기려면 옆에 있는 친구를 이겨야 한다. 나의 원점수는 중요하지 않다. 무조건 나와 함께 공부하고 함께 밥을 먹는 친구들이 나보다 점수를 낮게 받아야 내가 이긴다. 더욱더 모순된 교육 상황은 학교 선생님들이 나와 함께 공부하는 친구들 모두에게 내신을 챙기라고 똑같이 말한다는 것이다. 친구가 경쟁자가 되어 있는데 나에게나 경쟁자에게 똑같은 말을 전달하는 선생님의 지도가 제대로 전달될지 의문이다.

우리나라 아이들은 초등학교에서 중학교로 그리고 중학교에서 고등학교로 올라감에 따라 급변하는 모습을 볼 수 있다. 말이 점점 없어지고, 늘 피곤해 있으며, 쉬는 시간에는 쓰러져 자고, 얼굴에는 아무 표정이 없다. 우리는 이러한 아이들을 사춘기라고 하며 상황을 자연스럽게 넘기려고 한다.

죽은 지식을 공부하고 등급으로 아이들을 우월하고 열등한 존재로 나누는 모순된 교육 환경에 갇혀 있는 아이들은 무기력해져 정서가 무너지고 점점 자아를 잃어가고 있는 것이지 사춘기 때문이 아니다. 이러한 환경에서 공부하는 그들에게 우리는 21세기에 필요한 창의력과 비판적 사고를 하라고 요구하며 성숙한 민주시민으로 성장할 것을 기대한다.

수능에서도 서로 다른 길을 가는 아이들이 경쟁해야 하는 것은 마찬가지다. 수학이 그렇게 중요하지 않은 문과 계열의 학과에 진학하려는 아이들이나 수학이 중요한 이공 계열의 학과에 진학하려고 하는 아이들 모두 한 줄로 세워 수학 등급을 나눈다. 영문과에 가려는 학생이 수학에서 1등급을 받으려면 공대에 가려는 학생을 이겨야 하는 모순이 발생한다.

이처럼 치열한 경쟁 구도에서 각자의 개성과 관심을 찾는 것이 아니라 성적이 우수하면 무조건 사회적으로 높은 지위에 있는 학과를 선택하려고 한다. 의사가 성공의 상징이 된 우리나라에서는 이과 계열에서는 무조건 의대에 진학한다. 그리고 자기 적성이나 관심과는 무관하게 오로지 점수로 의대에 들어가 의사가 되었으니, 당연히 행복하지 않다.

외국의 고등학교도 우리나라처럼 이과, 문과가 통합되

어 있다. 하지만 외국 고등학교에서의 이과, 문과 통합은 우리나라 상황과는 다르다. 그들은 상대평가를 하지 않는다. 가고자 하는 학과에 필요한 과목을 선택하여 고등학교에서 공부하면 되고, 상대평가를 하지 않기 때문에 자신의 원점수만 중요하다. 오로지 자신과의 싸움이지 함께 공부하고 있는 친구를 이겨야 할 필요가 없다. 우리나라의 잔인한 상대평가 제도는 영어교육에 있어서는 치명적인 결과를 가져온다.

여름방학 때마다 영국에서 개최하는 청소년 영어 캠프에는 유럽, 아시아, 아랍 등 전 세계 아이들이 한자리에 모인다. 초등학생부터 고등학생에 이르기까지 한자리에 모여 있으니 서로가 어떻게 다른지, 어떤 생각을 하는지 비교할 기회를 제공해 준다.

세계에서 영어를 가장 잘하는 네덜란드, 핀란드, 독일, 스웨덴의 청소년들도 행사에 참석한다. 네덜란드어와 독일어는 영어와 어순도 비슷하기 때문에 이쪽 아이들은 중학생이 되었을 때 능통하게 영어를 구사한다. 하지만 스웨덴어와 핀란드어는 영어와 뿌리도 다르고 어순도 완전히 다르기 때문에 스웨덴이나 핀란드 학생들은 독일과 네덜란드 학생들처럼 영어를 잘하지 못한다. 그리고 우리나라 중학생들과 비교했을 때도 영어 실력에서 별다른 차이를 보이지 않는다.

하지만 고등학생들부터는 상황이 달라진다. 고등학생들의 경우 핀란드, 스웨덴 학생들은 우리나라와는 비교가 안 될 정도로 자유롭게 영어를 구사하며 토론과 글쓰기에서도 우리나라 고등학생들보다 월등한 영어 실력을 나타낸다. 중학교까지는 수준이 비슷하다가 고등학생이 되어서 왜 이렇게 차이가 나는 것일까?

바로 우리나라 고등학교 교육제도가 가진 평가 제도 때문이다. 중학교까지는 아이들이 스스로 외국어를 구사하기에는 아직 충분한 시간이 투자되지 않은 상태일 수 있으나 고등학교부터는 폭발적인 인지 성장의 시기도 거친 후이고, 많은 시간 영어에 노출된 시기이다. 중학교까지 쌓은 영어 어휘력과 문법 실력을 갖추고 고등학생이 되어서는 영어 구사력으로 이어질 수 있도록 원서 문학 읽기, 영어로 토론하고 글쓰기 등의 심화 학습이 필요하다.

하지만 이러한 교육 방법으로는 상대평가가 불가능하기에 우리나라 고등학교에서는 상상도 할 수 없는 일이다. 그래서 우리나라 고등학교의 영어교육은 상대평가에서 아이들이 등급별로 고루 퍼지게 나올 수 있도록 교육 커리큘럼으로 교육한다. 그리고 아이들은 고등학교 상대평가에서 높은 점수를 받기 위해 주어진 시험 범위의 지문을 통째로 외워 가며 죽은 영어 실력 쌓기를 3년 동안 이어간다.

우리나라 학생들이 영어를 못하는 이유는 바로 이러한 모순된 상대평가 제도 때문이다. 고등학교 3년의 영어교육 시기는 영어 실력에 결정적인 역할을 하는 매우 중요한 시기다. 그런데 우리는 학생들의 영어 실력을 포기하고 대신 상대평가라는 반교육적인 평가 제도를 선택했다. 아이들의 미래와 상대평가 제도를 바꾼 것이다.

아이들이 똑똑해지기를 바란다는 착각

우리는 흔히 학교 성적이 우수한 아이들을 보고 똑똑하다는 말을 많이 한다. 하지만 수년간 다양한 아이들에게 영어를 가르치며 토론 수업 때 생각을 물어보면 우수한 성적을 받는 아이들이나 중위권 아이들이나 돌아오는 대답은 별반 차이가 없다. 가장 많이 돌아오는 대답은 "잘 모르겠어요"이다. 생각을 끝까지 해 보려고 하지 않고 중간에 포기해 버리는 경우를 자주 보게 될 뿐만 아니라 생각 속의 논리도 상당히 결여되어 있다. 해가 지날수록 좋아지기를 기대하지만 스마트폰의 영향으로 아이들은 점점 책과 거리가 멀어지고 아는 지식도 줄어들고 있을 뿐만 아니라 논리력이 생기지 않아 자기 생각을 말로 만들어 이야기하는 데도 매우 힘겨워하는 것을 볼 수 있다. 그래서 우리나라의 아이들과는 어떠한 주제를 가지고 생각을 이어 나가며 대화하는 것이 매우 힘들다. 생각하는 것을 너무 부담스러워 하기 때문이다.

'생각'한다는 것은 인간에게 매우 자연스러운 것 같지만 관리되지 않을 때 왜곡되고, 편향되며, 완전한 편견에 사로잡히게 되는 것이 바로 '생각'이다. 그래서 생각하는 방법은 훈련되고 교육되어야 한다. 하지만 몇십 년째 이어지는 한국의 객관식 시험은 아이들을 점점 생각하지 못하는 로봇으로 만들고 있다.

똑똑하다는 것은 무엇일까? 조던 피터슨(Jordan Bernt Peterson) 교수에 의하면 똑똑하다는 것은 비판적 사고를 하는 것이라고 한다. 비판적 사고만이 문제해결 능력을 갖추게 해 주기 때문이다.

비판적 사고의 뿌리는 2,500년 전 소크라테스의 가르침과 비전으로 거슬러 올라간다. 소크라테스는 지휘권을 가진 자들이 혼란스러운 의미를 부여하고, 부적절한 증거를 대며, 자기모순에 빠지는 것을 보며 어떤 사람이 권력을 쥐고 있고 높은 위치에 있다 하더라도 혼란스럽고 비이성적일 수 있다는 점을 지적했다. 그리고 어떤 믿음을 가치 있는 것으로 받아들이기 전에 생각을 캐낼 수 있는 깊이 있는 질문의 중요성을 강조했다. 그는 또한 증거를 찾는 것에 대한 중요성과 추론과 가정을 주시하고, 기본 개념을 분석하며, 언급된 것이 함의하고 있는 것을 추적하는 것을 강조하였다. 그리고 앞에서 언급한 소크라테스가 강조한 것들은 비판적 사고를 위한 전략적인 가르침으로 알려지게 되었는데 이는 논리적 일관성과 명확함을 위해 올바른 사고의 필요성을 강조한 것이다.

소크라테스의 이러한 실천은 플라톤(Plato), 아리스토텔레스(Aristotle) 그리고 그 외 다른 그리스 회의학파 철학자들에 의해 계속 이어졌는데 이들 모두 눈에 보이는 것과 실제 상황은 매우 다를 수 있다는 것을 강조하며 오로지 훈련된 생각만이 표면적으로 보이는 것과 실제 존재하는 것을 구분할 수 있다고 강조했다. 따라서 더 깊은 현실을 이해하고, 체계적으로 사고하고 함의하고 있는 내용을 더 깊이 더 넓게 보기 위해서는 오로지 우수한 추론 능력, 포괄적인 이해력 그리고 반대되는 의견에도 관심을 보이는 사고력만이 우리를 표면 위로 올라갈 수 있게 해준다는 것이다.

이러한 그리스철학이 바탕이 되는 서구권 나라의 교육에서는 비판적 사고를 할 수 있는 것이 바로 '똑똑한' 사람이 되기 위한 바탕이 되었고, 이를 바탕으로 진행되는 모든 교육은 객관식이 없는 서술형 시험의 교육으로 이행되었다. 서술형 시험, 즉 글을 쓰는 것은 비판적 사고를 키우기 위해 핵심이 되는 활동이다. 글은 말보다 훨씬 더 정교하기 때문에 논리적이지 않으면 불가능하다. 그래서 어떤 주제로 글을 쓰면 소크라테스가 강조한 '증거 찾기' '추론과 가정(assumption)을 주시하기' '기본 개념 분석하기' '언급된 것이 함의하고 있는 것 추적하기'를 자연스럽게 연습하게 되며 비판적 사고를 할 수 있는 사고의 근육을 키워나가게 된다.

그런데 우리나라는 초중고의 객관식 시험도 문제지만

서술형의 시험이 주를 이루는 대학교에서조차 비판적 사고를 바탕으로 하는 서술형 시험이 없다. EBS 방송의 한 프로그램에서 높은 성적을 받은 서울대학교 학생들의 공부 비법을 조사한 사례를 보여준 적이 있었다. 그런데 놀랍게도 'A'를 받은 학생들의 공부 비법은 비판적 사고와는 아무 상관없이 수업 시간에 교수가 하는 말을 농담까지 토씨 하나 빼지 않고 받아 쓴 내용을 그대로 시험에 옮겨 쓴 학생들이었다. 자기 생각을 쓴 학생들은 좋은 성적을 받지 못했다. 반면 미국 대학의 경우 정반대의 평가 방법을 갖고 있었다. 교수와 비슷한 의견을 쓰면 낮은 점수를 받고 자기 생각을 근거 있게 쓴 학생들이 우수한 성적을 받았다. 우리나라의 대학생들이 이렇게 새로운 생각을 갖고 근거를 펼치며 주장하는 것을 두려워하는 이유는 초중고 때 암기 위주의 객관식 시험에 익숙해져 있어 자주적으로 생각하는 것을 억압받으며 대학까지 가서도 전혀 비판적인 사고를 할 수 없는 지성인이 아닌 지성인으로 성장하게 되었기 때문이다.

그런데 영어는 존댓말과 반말이 없고, 신분이나 나이

와 상관없이 서로 이름을 부를 수 있다. 이런 언어문화는 인간과 인간이 동등하게 서로를 대할 수 있는 바탕을 마련한다. 이처럼 영어는 평등과 자유 그리고 개성 존중을 바탕으로 하는 언어이기 때문에 이런 언어의 주인이 되기 위해서는 자주적으로 사고하고 소통하는 능력이 동반되어야 한다. 하지만 우리나라 최고의 대학에서 펼쳐지는 학생들의 배움에 대한 평가 방식은 그들의 반 영어적인 사고방식을 보여주고 있다. 뿐만 아니라 경악할 정도로 시대착오적이며 저변에는 영어를 배워야 하는 목적과 정반대의 의미가 깔려 있다고 할 수 있다.

이러한 의식으로 우리가 배우는 영어는 그저 약간의 문법 지식과 어휘력일 뿐이지, 생각을 전달하는 언어로는 성장하지 못할 것이다. 2,500년 전부터 중요하다고 강조되었던 '비판적 사고'가 한국에서는 아직도 교육과정에 반영되지 않고 있다는 사실은 우리는 똑똑한 아이들을 원하지 않는다는 결론에 도달할 수밖에 없다. 영어의 주인이 되기 위해 영어식 사고의 흐름에 맞는 사고가 함께 양성되어야 할 것이다.

Part 3

잘못된 영어에 대한 인식

영어의
깊이에 대한
착각

공부하면 할수록 어려운 언어가 영어다. 영문법 구조는 세계에서 세 번째로 복잡한 구조다. 발음의 규칙도 50% 밖에 적용되지 않으며, 똑같은 의미를 표현할 방법도 너무나 다양하다. 이처럼 깊이가 있는 언어이기 때문에 같은 나이에 시작해도 한글과는 달리 영어로 된 글을 읽어낼 수 있는 시기는 아이들의 역량에 따라 크게 다르다. 영어를 가르치다 보면 학원을 6개월 다녔는데도 영어를 하나도 못 읽는다고 불평하는 학부모들을 자주 만나곤 한다. 6개월이 아니라 3년을 가르쳐도 못 읽는 아이들이 있다. 영어를 읽는다고 해도 글을 이해하는 것과는 또 다른 문제이다.

한글은 한글을 읽기 시작할 경우 조사가 붙어 동사인지 목적어인지 따로 공부할 필요 없이 문장 자체에서 의미를 유추해 내는 것이 가능하다. 그러나 영어는 영어를 읽기 시작했다고 해서 한글처럼 글의 의미를 이해할 수 없다. 영어는 한국어처럼 조사가 붙어있지 않고 단어 자체 또는 위치가 조사의 역할을 하므로 어휘력과 함께 문법을 알지 못하면 한글처럼 문장을 해석하기가 어렵다.

이처럼 복잡한 영어 문장을 이해하기 위해서는 문법을 알아야 하는데 문법은 어휘력과 맞물려 가야 실력이 쌓인다. 그러므로 어휘가 늘 때까지 기다려야 하고 적어도 초등학교 5학년은 돼야 문법을 이해할 수 있는 인지력이 생기기 때문에 영어를 읽을 수 있다고 해서 긴 영어 문장을 완전히 이해하는 것은 어렵다.

영어 문법은 너무 일찍 시작해서도 안 되지만 논리력을 향상하는 5학년보다는 더 늦지 않게 시작하는 것이 중요하다. 문법을 알아야 그 나이대의 인지능력에 맞는 영어 글을 읽으며 이해할 수 있고 논리력을 바탕으로 글을 읽어야 풍부한 어휘와 함께 사유하는 능력도 키워질 수 있기 때문이다. 그래서 문법은 파닉스처럼 영어를 배우는 데 꼭 필요한 것이다.

그런데 우리나라의 영어교육에서는 문법에 대한 중요성이 점점 사라지고 있다. 중학교 영어 시험에 나오는 오지선다의 문법을 공부하면 그것으로 더 이상의 문법은 불필요하다고 생각한다.

문법을 주로 다루는 우리나라 중학교 영어에서 90점 이상의 점수를 받는 학생들은 자신들이 문법을 충분히 안다는 착각을 한다. 하지만 고등학교에 올라가 긴 문장 해석이 안 되고, 의미를 파악하지 못하게 되면서 왜 영어 성적이 안 나오는지 의문을 품게 된다. 이것은 영문법에 충분히 체화되어 있지 않기 때문이고, 얕은 문법 실력으로 중학교 때 추상적인 영어 글을 접해 보지 못해서 사고와 영어가 함께 맞물려 성장할 기회가 없었기 때문이다. 문법은 단어들의 배열 규칙을 배우는 것으로 단어가 늘어야 문법 활용 능력도 함께 향상되는데 중학교 때의 단순한 어휘력에 수준이 멈춰 있는 것이다.

중학교 때는 90점 이상의 영어 점수를 받는 학생들이 50%까지도 나오지만, 고등학교에 올라가 영어 시험에서 90점 이상 받게 되는 학생들은 4~6%대로 감소한다. 그런데 고등학교 내신에서 90점 이상 점수를 받았다 하더라도 학력평가 모의고사에서 60~70점을 받고, 모의고사에서 1등급을 받았던 학생들은 수능 영어에서 3등급을 받게 되는 경우가 많다. 이는 영어의 깊이를 모르고 영어 단어를 단순히 외우고, 문제를 잘 풀기 위해 영어답게 영어를 공부하지 못하고 시험문제를 푸는 스킬 위주로 공부해서 그렇다.

영어 문학 서적은 한국과는 비교가 안 될 정도로 다양하고 풍부하다. 영어권 아이들은 이러한 문학 서적을 어릴 때부터 많이 읽으며 자란다. 영미권의 영어 수업에는 우리나라 국어 교과서처럼 별도의 영어 교과서가 존재하지 않는다. 영어 수업 시간에 고전문학책을 통째로 읽는다거나 짧은 소설을 써 보거나 주제를 가지고 토론하며 영어 수업을 한다.

이러한 영미권의 영어 수업은 풍부한 독서량으로 아이들의 사고를 자유롭고 유연하게 만들어 주고 풍부한 어휘력이 성장할 수 있게 해 주며, 영어라는 언어로 자신만의 깊은 생각을 할 수 있게 해 준다.

그래서 영어권 나라에서는 어떤 수준의 책을 읽느냐에 따라 그 아이의 성숙도를 평가하기도 한다. 하지만 우리나라 아이들이 읽을 수 있는 한국문학책은 매우 제한적이다. 초등학교 국어 교과서에 영어 소설인 『샬롯의 거미줄(Charlotte's Web)』이 한글로 번역되어 들어가 있다는 것만 봐도 어린아이들이 읽을 수 있는 한글로 된 순수 우리나라 문학이 얼마나 부족한지 알 수 있다. 또한 국어 교과서나 영어 교과서에 실린 문학은 문학 전체가 들어가 있는 게 아니라 요약된 형태이거나 문학의 일부분이어서 문학을 읽는 게 아니라 문학에 대한 정보를 접하는 수준에서 끝나게 된다.

이처럼 영어의 깊이를 모르다 보니 아직도 영어 단어를 단순 암기하고, 중학교 문법으로 영어 공부를 완성할수 있다고 착각하는 것이다. 영어의 깊이를 안다면 영어 공부의 방법부터 달라진다. 기계적으로 단어를 암기하고 객관식 문법 시험에서 100점 맞는 것에 만족해서는 안 된다. 영어의 추상적 깊이를 이해하고 풍부한 표현을 위해서는 단계적으로 원서 읽기의 목표를 세워 현재의 영어교육 커리큘럼을 개편해야 한다.

감각 언어가 인지 언어라는 착각

회화를 연습한다고 회화가 늘지 않는다. 그 이유는 언어에는 두 가지 영역이 있기 때문이다. 하나는 감각 언어이고, 다른 하나는 인지 언어이다. 언어에 두 가지 영역이 있다는 것을 알고 영어 공부를 시작하는 것과 모르고 시작하는 것은 향후 영어 실력 향상에 엄청난 차이를 가져오기 때문에 반드시 알아야 할 개념이다. 대부분의 사람들이 아무리 오랜 시간 영어를 공부해도 제자리걸음을 하는 이유는 이러한 개념 없이 공부하기 때문이다.

우리가 영어로 말을 잘하고 싶은 것은 결국 우리의 생

각을 영어로 말하고 싶은 것이지 우리가 느끼는 감각을 영어로 말하고 싶은 것이 아니다. 상점에 들러 가격이 얼마인지 물어보고, 목이 마르거나 배고플 때 '목이 마른다' 또는 '배고프다'라고 말하며, 길을 물어보는 것은 모두 감각 언어에 속한다.

감각 언어는 문장이 짧고 단순해서 패턴화되어 있다. 스스로 문장을 만들어 내기보다는 누구나 사용하는 정형화된 표현들이어서 공부할 방법이 달리 없으며 그 표현을 반복하고 외우는 형태로 공부하게 된다. 그래서 6개월이면 끝낼 수 있다. 이렇게 알게 된 패턴화된 언어를 감각 언어라고 하는데 이러한 감각 언어는 사용하지 않으면 6개월 만에 잊어버리게 된다.

인지 언어는 상대의 생각을 듣고 이해하며 자기 생각을 표현하는 언어이다. 자기 생각이 무엇이냐에 따라 문장이 길어질 수도 있고, 짧아질 수도 있으며, 감각을 사용하지 않고 온통 추상적 개념과 인지력을 통해 표현되는 언어 영역이다. 많은 사람이 이렇게 다른 두 영역을 혼란스러워한다. 인지 언어의 회화는 감각 언어의 회화와는 차원이 다르다. 우리가 원하는 언어는 인지 언어 영역이지 감각 언어 영역이 아니다.

그런데 많은 사람들이 많은 시간을 감각 언어를 연습하면서 인지 언어 능력이 향상되기를 기대한다. 감각 언어를 수천 시간 수만 시간 연습해도 인지 언어 영역은 절대 향상되지 않는다. 인지 언어는 생각을 표현하는 영역이기 때문에 감각 언어와는 사용하는 어휘가 다르고, 배경지식이 있어야 하며, 자기 생각을 감정을 담아 표현하기 위한 강조 방법, 조동사 사용 등 다양한 영어 문법 기술이 적시적소에 사용되어야 하기 때문이다.

인지 영어 능력을 키우기 위해서는 분야별 다양한 어휘력이 요구된다. 이러한 어휘력은 단순 암기해서 되는 것이 아니라 개념을 익혀야 하므로 많은 리딩이 필요하다. 대화를 하는 것보다 적혀 있는 장문의 글을 읽는 것은 많은 집중력을 요구한다. 특히 현상이나 사실을 기록한 글보다 누군가의 생각을 기록한 글은 더 많은 집중력이 필요하다. 그래서 음악을 들으며 수학 문제를 풀 수는 있어도 음악을 들으면서 글을 읽고 제대로 이해하는 것은 불가능하다.

이처럼 장문의 글을 읽고 해석하며 영어를 공부하는 방식은 많은 에너지가 소모되어 힘이 들기 때문에 이러한 방식으로 영어 공부하는 것을 꺼리고 불필요하다고까지 생각한다. 말을 잘하고 싶어서 회화 수업을 원하는 많은 성인 영어 수업에서 이러한 리딩 수업을 제안하면 모두 자신들은 회화를 잘하고 싶지 리딩은 필요 없다고 거절한다. 리딩을 통해 얻게 되는 인지 회화 실력을 아무리 설명해도 리딩은 골치 아프다며 힘든 시간을 보내고 싶지 않다고 바로 회화로 뛰어든다. 그리고 10년이 지나도 실력은 제자리이다.

인지 영어는 아카데믹한 영어라고도 할 수 있는데 인지 영어 실력을 갖추고 싶다면 많은 리딩 그리고 자기 생각을 영어로 써보는 훈련이 함께 병행되어야 한다. 영작은 정확한 문법 실력을 요구하며 영어 단어들이 어떻게 사용되는지도 알아야 한다. 단어의 뜻을 알고 있다고 해서 그 단어가 어떻게 쓰이는지까지 다 아는 것은 아니다. 인지 언어는 몇십 시간을 투자한다고 해서 되는 것이 아니다.

몇천 시간을 요구한다. '적당히' 하는 것은 인지 언어에서 통하지 않는다. 하지만 인지 언어를 하면 감각 언어는 자연스럽게 따라오게 되므로 인지 언어로 방향을 잡고 영어를 공부해야 한다.

영어는 사유 능력과
아무 관계없다는
착각

너무나 틀에 박혀있는 객관식 시험문제의 평가 제도 때문에 학생들에게 생각이나 의견을 물어볼 때 큰 인내심이 필요하게 된다. 우리나라 영어 강의실에서 학생들에게 의견이나 생각을 물어보면 가장 많이 돌아오는 대답은 "잘 모르겠어요"이다. 잘 모르겠다는 대답은 생각해 보지도 않았고, 생각해 보지도 않겠다는 대답과 다른 게 없다. 그리고 이런 대답을 너무 쉽게 뱉는 것에 대해서도 놀라지 않을 수 없다. 어떤 문제에 대해 깊이 생각해 보려고 하지도 않고, 붙잡고 늘어져 보려고 하지도 않는다. 자기의 생각이 막혀 있는 경우 그 생각이 진척되도록 질문하거나 관련된 말을 시작하거나 해야 함에도 생각 자체를 포기하려는 학생들이 많다. 정답을 물어보는 것도 아니고, 자기의 의견이나 생각을 물어보는데 "잘 모르겠다"라고 하는 것은 대답하기 귀찮다는 말이기도 하고, 정말 어디서부터 어떻게 생각해야 할지 모르겠다는 뜻이기도 하다.

영어권 나라의 교육에서는 선생님이 학생들에게 질문을 던지면 말이 안 되는 얘기라도 부담 없이 자기 생각을 말하기 시작한다. 그 질문에 대한 옳은 대답이 아니더라도 대답한다는 것은 생각하고 있다는 뜻이기도 하고 또 자기 생각을 표현하는데 잘 훈련되어 있다는 뜻이기도 하다.

이렇게 교육 문화가 다른 것은 우리나라 학생들의 잘못이 아니다. 대답하지 않는 우리나라 아이들에게 그 이유를 물어보니 선생님의 질의에 대답하거나 질문을 공개적으로 할 경우 다른 친구들이 잘난 척한다고 생각하기 때문에 질문도 대답도 하지 않는 것이 속 편하다는 대답이 돌아왔다. 또 시험이 늘 정해져 있는 개관식 시험이니 자기 생각은 중요하지 않다는 것이다. 그래서 생각하지 않는 것이 습관이 되었다는 것이다.

이러한 교육 환경은 소극적이고 참여하지 않는 학생들을 만들어 낸다. 더 나아가 공부를 잘하든 못하든 각각의 관심 분야에 대한 자기만의 고유의 생각이 있는 선진국 학생들보다 우리나라의 학생들은 암기를 바탕으로 얇은 지식은 많지만 고유의 생각은 없는 학생이 되어 버린다.

하지만 영어 실력을 키우기 위해 평소에 생각을 깊이 하는 것은 매우 중요하다. 남이 만들어 놓은 표현을 가지고 외워서 말하는 것이 아니라 평소에 어떤 현상이나 문제를 늘 생각해야 한다. 그래야 영어를 배우면서도 새로운 단어를 공부하면서 자기가 갖고 있는 생각과 그 영어 단어들이 서로 맞물려 머릿속에 남게 된다. 뿐만 아니라 자기의 생각이 있는 경우 영어로 문장을 만들고자 하는 의욕도 넘치게 된다.

생각을 물어보고 나눌 수 있는 분위기가 존재하지 않는 한국의 교실. 자신만의 생각을 키워나가는 것이 영어교육과도 얼마나 밀접한 관련이 있는지를 볼 수 없게 한다. 그리고 이러한 교육 환경은 한국 사회로도 이어져 한국 사회에서도 서로 자유롭게 물어보고 의견을 주고받는 분위기를 불가능하게 한다. 우리나라 학생들은 각자의 사유 능력을 키울 수 없고, 결코 영어를 잘할 수 없는 교실에서 언어 재능을 매일매일 죽이는 공부를 이어가고 있다.

인문학은
불필요하다는
착각

우리나라가 경제적으로 선진국 대열에 들어왔다고는 하지만 아직 우리나라와 선진국을 뚜렷이 구분해 주는 것들이 많이 있다. 그중에서 우리는 없지만 선진국이 가진 가장 부러운 것은 풍부한 문학책들과 경전들 그리고 수백만 달러의 가치를 가진 예술작품들, 바로 인문학(humanities)이다.

인문학은 역사, 철학, 종교, 현대와 고대 언어와 문학, 예술, 고고학 및 문화인류학 등의 분야를 다루는 학문이다. 인문학은 학생들이 창의적이고 비판적으로 사고할 수 있도록 해 줄 뿐만 아니라 논리적 사고와 추론 능력을 갖게 하며 끝없는 질문을 끌어내 준다. 그래서 수준 높은 선진 의식이 있는 시민으로 키워주며 필요한 무엇인가를 먼저 만들어내는 선진국으로 이끌어 줄 수 있는 기반과 동력이 된다.

우리나라 학생들도 국어, 사회, 영어, 역사 등을 통해 초중고 때 인문학을 공부한다. 하지만 인문학을 인문학답게 공부하지 못하고 정답 찾기와 암기의 틀에 갇혀 있는 우리나라 학생들은 인문학의 덕을 볼 수 없을 뿐만 아니라 학년이 올라갈수록 사고하는 능력도, 질문하는 수도 줄어든다. 그래서 교실의 학생들은 무기력하고 수동적이다. 그렇다면 인문학이 우리가 살아가는 이 시대와 영어와 어떤 관계가 있는 것인지 좀 더 깊이 살펴보기로 하자.

인지 지능(cognitive intelligence)에는 크게 두 종류가 있는데 하나는 유동성 지능(fluid intelligence)이고 다른 하나는 결정적 지능(crystallized intelligence)이다.

유동성 지능은 우리 뇌가 가진 프로그램과 같은 것이다. 이 프로그램이 우수하면 정보나 지식이 들어왔을 때 우수한 프로그램을 거쳐 우리 뇌에 논리적이고 이치에 맞는 결정체로 남게 된다. 이렇게 프로그램을 통해 걸러져서 남게 되는 것이 결정적 지능이다. 그렇다면 우리가 살아가는 21세기 정보화 시대는 어떤 지능이 더 중요한 능력이 될까? 서방국가들의 선진 교육은 산업화와 심리학 발달 그리고 정보화 시대에 더 빨리 진입하게 됨으로써 오래전부터 유동성 지능을 통한 결정적 지능이 향상하도록 학교 교육 커리큘럼이 시대 변화에 맞게 계속 진화되어 있다. 이렇게 유도성 지능 성장에 맞춘 교육 커리큘럼을 통해 배우게 되는 지식은 시간이 지나도 잊어버리지 않을 뿐만 아니라 앞으로 어떤 정보를 접해도 필요하고 우수한 결정체로 남을 수 있도록 해 주기 때문이다.

그래서 유동성 지능이 바탕이 되는 선진국 교육에는 정답만을 찾는 객관식 시험은 없다. 모든 시험은 서술형으로 논리적으로 글을 써나가야 한다. 수학도 개념을 물어보는 서술형 시험으로 시험문제를 푸는 과정을 중요하게 생각한다. 또한 아이들이 불필요한 암기를 하지 않도록 화학 시험은 주기율표를 제시해 주고, 역사 시험에는 연대기를 제시해 주며, 수학 시험에는 계산기를 지참할 수 있다.

이는 인터넷을 통해 언제든지 정보를 찾아볼 수 있어서 많은 정보를 머릿속에 담아 놓을 필요가 없을 뿐만 아니라 넘쳐나는 정보의 홍수 속에서 비판적 사고가 더 중요하다는 것을 반영한 교육 과정이다.

이처럼 공부한 학생들은 사회에 나왔을 때 문제에 대한 정답을 찾으려고 하지 않는다. 하나의 정답만 있는 게 아니라는 것을 알기 때문에 문제해결을 위해 사람들과 대화하고 논의를 거치며 다른 사람의 말에 귀를 기울인다. 그래서 그 사회는 경직되지 않고 유연하다.

21세기 정보화 시대는 높은 유동성 지능이 바로 능력이 되는 시대이다. 그리고 이러한 능력을 갖추게 하는 것이 인문학이다. 인문학은 생각하게 하고, 상상하게 하며, 비판적 사고를 할 수 있게 해 주고, 질문하게 한다. 특히 논리력이 시작되는 만 12세 이상부터 인문학은 논리력과 맞물려 유동성 지능 발달에 결정적인 역할을 한다. 그런데 이렇게 생각을 키워주는 인문학조차도 한국의 중고등학교에서는 답만 맞추는 형태의 시험문제를 출제하다 보니 유동성 지능을 키울 사이도 없이 참고서와 문제집을 사서 답을 달달 외워버리며 단기 암기의 신이 된다.

특히 중학교의 공부량은 적기 때문에 단순 암기로 좋은 성적을 내는 것이 가능하다. 그래서 유동성 지능을 거치지 않고 단순 암기한 지식은 시험을 본 후 다 잊어버리게 될 뿐만 아니라 유동성 지능을 써 보지 않은 학생들은 방대하게 늘어난 고등학교의 공부량에 크게 당황하게 된다. 영어로 유동성 지능을 거쳐 유연하게 발전해야 한다. 그래야 자기 생각과 맞물려 영어로 표현할 수 있다. 그런데 유동성 지능을 거치지 않고 결정적 지능으로 바로 넘어가는 방식으로 영어를 공부하다 보니 말로 표현하는 것은 이런 교육 방법에서는 거의 불가능하다.

미국의 명문대인 컬럼비아 대학교는 모든 학생들이 1학년과 2학년 때 인문학 과목을 들어야 다음 학년에서 전공 과목을 들을 수 있다. 인문학 교육은 모든 학문의 기초일 뿐만 아니라 우리의 지능을 어떻게 활용할 수 있는지를 가르쳐 준다. 언어는 사람들이 살아오는 과정에서 문화와 여러 학문의 발달을 통해 끝없이 진화하고 있다. 단순 암기로는 절대 이루어질 수 없다.

역사, 문학, 사회, 철학을 통해 영어를 배워야 유동성 지능이 함께 성장하고, 사유 능력이 좋아지며, 이와 맞물려 영어 실력도 향상되는 것이다.

영어는
'남'과 아무
상관없다는 착각

오랜 역사 속 우리나라의 전통문화도 현대화의 물결 속에서 빠르게 사라져가고 있다. 이제는 더 이상 새로 이사 온 집의 이웃에게 '떡'을 돌리지 않는다. 결혼을 앞둔 신붓집 앞에서 '함 사세요' 고함도 외치지 않는다. 이웃과 웃으며 지냈던 시절은 아주 오래전 일이다. 각박한 자본주의 경쟁 사회에서 이러한 것들은 거추장스러워졌다. 지나친 경쟁 사회 속에서 사람들 간의 결속력은 점점 약해져 모든 것을 이해타산적으로 판단한다. 이에 아이들도 오로지 성공이라는 단어만이 머릿속에 존재할 뿐 사회의 결속력을 강화해 주는 정직, 존엄, 섬김, 존중이라는 단어들은 중학교 도덕책에서나 나오는 단어가 되고 말았다. 삶 속에서는 전혀 낯선 단어들이다. '정'이라는 단어는 한국에만 존재하는 자랑스러운 문화였지만 이제는 더 이상 들을 수 없는 단어가 되었다.

그리고 우리말에만 있는 '남'이라는 단어는 한국 사회의 사막화에 한몫한다. '남'이라는 단어를 표준국어대사전에서 찾아보면 한국어 뜻풀이로 '자기 이외의 다른 사람' '일가가 아닌 사람' 혹은 '나와 관계를 끊은 사람'이라는 뜻으로 나온다. '남'이라는 우리말은 나와 다른 이의 사이를 확실하게 선 긋는 거의 '적'과 같은 단어다.

영어에서 '남'은 'other person'으로 나 아닌 다른 사람 또는 '낯선 이(stranger)'라는 뜻 외에 '나와 관계를 끊은 사람'이라던가 '일가가 아닌 사람'이라는 뜻은 없다. 우리 사회가 나 아닌 다른 사람을 어떻게 바라보고 있는지 다른 사회와 비교되는 대목이다. 우리말의 '남'은 불신, 경쟁, 경계 등의 단어들을 동반하고 있다. 같은 교실에 있는 친구들을 이겨야 하는 상대평가 대입제도 안에 있는 우리나라 고등학생들의 삶은 '남'이라는 단어의 개념을 완전히 뿌리내리게 한다.

고등학교에 들어가 입시경쟁을 하는 아이들에게 영어를 가르치며 종종 듣게 되는 말이 있는데 고등학교 친구들은 모두 경쟁자이므로 다 '남'이라는 것이다. 그리고 고등학교에서는 친구가 필요 없다는 말을 서슴지 않는다. 4년 전 영어를 가르쳤던 고등학교 2학년 학생의 같은 학교 친구가 목숨을 끊은 일이 있었다. 그런데 그 학생의 반 친구들은 그 학생이 갑자기 학교에 왜 안 나오는지 이유도 모른 채 공부하다가 장례식까지 다 마치고 나서야 그 상황을 듣게 되었고, 같은 반 아이들은 장례식에도 가 보지 못하고, 애도의 시간도 갖지 못한 채 바로 중간고사 준비에 들어갔다.

친구가 어떻게 죽었는지 같은 반 친구들은 알 수도 없고, 알려고도 하지 않는 소통이 단절된 극단적 교육 환경이다. 정말 '남'을 실천하는 끔찍한 사회이자 살인적인 경쟁 구도이다. 이러한 사회구조와 교육 환경에서 아이들이 어떻게 영어를 배우고 세계의 다른 사람들과 어깨를 나란히 하며 대화를 이어 나갈 수 있을지 의구심이 들어 며칠 괴로운 시간을 보냈다.

언어는 나 아닌 다른 사람과 소통하기 위해 꼭 필요한 도구이다. 그렇다면 우리는 왜 다른 사람들과 소통하고자 하는가? 소통을 위해 타인에게 영향력을 미치고, 자기의 삶을 변화시키며, 주위 사람들을 움직이고, 관계를 만들어 인간다운 삶을 영위하기 위해서가 아닌가.

그런데 우리가 규정해 놓은 '남'으로 형성된 이웃과 어떤 소통을 할 수 있는가? 우리말로도 소통을 안 하는데. '남'과 어찌 솔직하고 정직한 대화를 나눌 수 있을까? '남'과 내 생각을 나누는 게 무슨 의미가 있을까? 모두가 적이고 경쟁자인데……. 우리나라에서 '영어'는 그저 대학교에 들어가기 위해 남을 이기기 위해 점수를 받아내야 하는 과목일 뿐이다. 그래서 영어를 배운다고 해도 남과의 소통 능력을 상실한 영어로 남아 있을 뿐이다.

영어권 문화에서는 모르는 사람과도 좋은 하루를 빌어주는 인사를 할 수 있고, 오늘 만난 사람과 의견을 묻고 들어줄 수도 있으며, 개인적인 얘기도 나누며 친구가 될 수 있다. 그들의 사회 속에 함께 살아가는 사람들은 '남'이 아니라 내가 공감하고 소통해야 할 공동체를 이루며 돌봐야 하는 사람들이라는 생각이 깔려있기 때문이다. 이러한 '남'에 대한 경계선이 무너지지 않는 이상 영어는 여행으로 만난 사람과도, 길거리에서 길을 묻는 외국인과도 소통할 수 없는 내 안에 갇혀 있는 죽은 언어만 남아 있을 뿐이다.

문화가
중요하지 않다는
착각

    2개 국어를 능통하게 사용하는 사람들의 공통된 경험은 자기 안에 서로 다른 두 자아를 느낀다는 점이다. 나이에 따라 언니, 누나, 형, 오빠로 호칭이 나뉘고, 계층과 관계를 구분하여 존댓말과 반말을 선택하고, 상대방의 이름을 마음대로 부를 수 없는 우리나라 말은 세계의 많은 다른 언어와 비교했을 때 매우 독특한 문화를 갖고 있다. 그래서 한국 사람이 한국어 외에 다른 언어를 능통하게 사용할 때 느끼는 두 자아는 다른 나라 사람들이 모국어와 다른 언어를 능통하게 사용할 때 느끼는 두 자아보다 더 도드라진다. 이것은 너무나 다른 두 문화가 언어와 함께 작용하고 하고 있기 때문이다.

언어는 단어와 문법 외에도 발음, 억양, 사투리, 사회적인 의미와 가치 그리고 환경을 반영하며 계속 발전한다. 이 모든 것들은 문화에 의해 만들어지는 것이며, 문화는 다시 역사와 시대적 배경 그리고 공유되는 경험에 의해 계속 진화하며 언어에 영향을 끼친다. 이처럼 문화와 언어는 밀접하게 관련되어 있을 뿐만 아니라 문화에 대한 깊은 이해 없이는 그 나라의 언어를 한마디도 사용할 수 없다.

예를 들어 컵이라는 단어와 커피라는 단어를 알고 있다고 해서 영국 카페에 들어가 커피를 바로 주문할 수 있는 게 아니다. 그 카페가 가지고 있는 커피 종류에서부터 어떤 사이즈가 있는지 알아야 하고, 주문방식뿐만 아니라 주문할 때 선택해야 하는 단어와 표현 또한 적절하게 선택할 수 있어야 한다. 이 모든 것이 문화이다. 그 카페의 문화를 모르면 한마디도 할 수 없다.

'사랑(love)'이라는 단어로 또 다른 예를 들어보자. 영어에서는 우리말과 달리 'love'라는 단어를 매우 다양하게 사용한다. 우리말로 '네가 입고 있는 셔츠 정말 예쁘다'라는 표현을 영어로는 'I love your shirt'라고 표현할 수 있다. '제인의 부모님은 정말 좋다'라는 표현도 영어로 바꾸면 'I love Jane's parents'라고 표현할 수 있다. 이처럼 영어가 갖는 정서와 문화는 말하는 관점도 다르고 선택하는 단어도 우리말과는 완전히 다르다. 따라서 영어를 배울 때 영어가 가진 문화에 깊은 관심을 갖고 문화를 함께 배워 나가야 새로운 단어를 쉽게 받아들일 수 있고 능숙해지는 데 훨씬 유리하다.

언어와 문화의 연관성과 관련된 예를 들자면 끝도 없다. 영어권 문화를 이해하지 못하여 영어를 한마디도 못하게 되는 경우도 있지만, 문화와 언어의 연관성을 이해하지 못하고 한국어에 영어 문화를 적용하거나 영어에 한국 문화를 적용했을 때 발생하는 혼란도 있다.

어린 시절 해외에서 학교에 다닐 때 두 언어 사이에 서로 다른 문화를 극명하게 경험했던 적이 있다. 월요일부터 금요일까지는 외국 아이들과 영어로 공부하는 국제학교에 다니고, 토요일에는 국어를 가르치는 한국학교에 다니며 국어교육을 이어갔다. 대부분의 한국 아이들은 한국어를 잊어버리지 않기 위해 토요일에는 한국학교에 다녔다. 국제학교와 한국학교가 학년을 구분하는 방법이 달라 한국학교에서는 나보다 아래 학년에 있는 아이가 국제학교에서는 같은 학년이었던 경우가 종종 있었다.

한국학교에서 나보다 한 학년 아래에 있는 아이가 한국이 아니고, 국제학교에서 같은 학년이므로 나에게 '언니'라 하지 않고, '야'라고 부르기 시작했다. 영어로 대화하며 내 이름을 불렀다면 아무렇지도 않았겠지만, 한국말을 사용할 때 '영어 문화'를 적용하여 나보다 어린아이가 '야'라고 하는 것을 정당화했을 때 어린 나이였음에도 불구하고 본능적으로 매우 어색하고 옳지 않다는 생각이 들었고 불쾌하기까지 했다. 이처럼 문화는 우리 언어 깊숙이 자리잡혀 있으며 우리 마음대로 언어의 문화를 선택하여 적용할 수 없는 것이다.

대학을 졸업하고 첫 직장에 들어갔을 때의 일이다. 당시 일했던 기업은 미국과 합병된 회사여서 미국 컨설턴트가 파견 나와 있었는데 나는 그 미국 컨설턴트의 통역을 담당했다. 어느 날 미국 컨설턴트가 식식거리며 나에게 와 차장님이 한 달째 매일 영어로 자기에게 식사했냐고 물어본다면서 먹었다고 대답하면 그냥 웃고 가버려 기분이 나쁘다고 했다. 도대체 밥을 같이 먹자는 건지, 안 먹었으면 먹으라고 하려고 물어보는 것인지, 매일 와서 점심 먹었냐고 물어보는 의도를 모르겠다며 그 질문을 하지 않도록 전달해달라고 했다.

가만히 생각해 보니 차장님은 점심시간을 마치고 돌아와 미국 컨설턴트와 마주치면 "Did you have lunch?" 하며 영어로 한국식 점심 인사(식사하셨어요?)를 건넨 것이다. 당시 말단 사원인 내가 차장님께 그렇게 인사하지 말라고 감히 전달할 수 없어 나는 미국 컨설턴트에게 '한국어 문화'를 설명하고 이해시키는 것으로 마무리했다.

이처럼 언어는 그 언어를 사용하는 민족이 사는 환경, 역사, 종교 등 그 언어가 속해 있는 문화에 의해 통제되며 문화의 변화와 필요에 따라 새로운 단어가 만들어지기도 하고 사라지기도 하면서 계속 진화하게 된다. 언어는 문화와 함께 숨 쉬고 있으므로 문화가 빠져 있는 언어는 살아 움직이는 언어가 될 수 없다.

우리나라 사람들이 영어를 십여 년 배워도 잘 사용하지 못하는 이유는 '영어 문화'가 우리나라 문화와는 크게 다름에도 불구하고 영어를 배우는 과정은 '영어 문화'에 대한 이해가 완전히 결여되었기 때문이다. 앞서 말한 것처럼 문화는 특정한 정황에서 그에 맞는 단어를 가지고 적절히 표현하는 방법을 이해하는 것이다.

한 언어가 가진 사회적 가치와 그 사회를 움직이고 있는 언어의 정서와 문화를 모르면 단어와 문법 지식이 있어도 한마디도 꺼내어 사용할 수 없다. 따라서 영어에 능통해지기 위해서는 수많은 정황(context) 속에서 단어와 문법이 어떻게 작용하고 사용되는지를 함께 익혀야 한다.

그렇다면 비영어권 나라에서 영어를 문화와 함께 공부하는 방법은 어떤 게 있을까? 많은 사람이 원어민과 영어로 대화하는 회화 수업이 영어권 문화 속에서 영어를 배우고 말하기를 연습하는 수업이라고 생각한다. 물론 영어권 문화를 접하는 한 가지 방법이 될 수는 있지만 리딩과 다양한 콘텐츠가 갖춰진 커리큘럼이 없는 단순 원어민 회화 수업은 한 명의 강사에게 의존해서 말해야 하고, 다양한 정황을 만들어 영어를 사용하는 것이 아니기에 매우 제한적일 뿐만 아니라 자신이 알고 있는 단어만을 반복적으로 사용하게 되기 때문에 새로운 어휘를 배워 나가며 말을 만들어가는 데도 많은 한계가 따른다.

따라서 회화 수업은 영어에 대한 흥미를 일으킬 수는 있지만 다양한 정황 속에서 풍부한 어휘를 키워가며 문화와 함께 효과적으로 배우기에는 그 효율성이 매우 떨어진다. 영어를 공부할 때 반드시 염두에 둬야 하는 것이 어휘 확장인데 이를 위해 다양한 콘텐츠를 접해야 한다는 것을 잊어서는 안 된다. 다음은 문화와 함께 풍부한 콘텐츠로 영어를 공부할 수 있는 방법이다.

영화 및 드라마 보기

영화나 드라마를 보며 영어를 공부하는 방법은 많은 사람이 좋아하는 방법 중 하나다. 영화나 드라마는 정황이 바뀌면서 대화가 계속 이어지기 때문에 그 나라의 문화와 함께 생활에서 쓰이는 다양한 영어표현을 배울 수 있다. 오고 가는 대화에서 그들의 특정한 표현, 억양, 목소리 톤 등 영어가 가진 정서와 문화를 습득할 수 있을 뿐만 아니라 영어 자막을 켜 놓고 들으면 무슨 말을 했는지 더 정확하게 인지할 수 있다.

신문 또는 잡지 사설 읽기

교과서나 일반 서적의 글과 신문이나 잡지에서 보는 글에는 상당한 차이가 있다. 교과서나 일반 서적은 사실에 근거한 정형화된 기록의 글이지만 신문이나 잡지의 사설은 기자가 매일의 삶 속에서 사람들이 말하는 형태를 유지하며 세상에 이슈가 되는 내용을 생각과 함께 써 내려간 글이므로 그 나라의 문화와 정서가 그대로 묻어있다. 또한 사설은 높은 지적 능력을 갖춘 기자들이 전 세계 지식인들을 대상으로 비판적으로 써 내려간 글로 많은 비유를 사용하는데, 비유는 영어의 글에서나 대화에서 빠질 수 없는 중요한 표현 방법이자 영어가 가진 특징이다. 따라서 수준 높은 '영어 문화'를 배우고 싶다면 사설 읽기가 제격이다.

영어 문학 원서 읽기

문학 서적을 읽는 것 자체가 문화생활에 큰 부분을 차지한다. 문학작품에는 작가의 철학, 등장인물의 독백과 대화, 상황 설명과 묘사, 사회적인 배경 등 우리가 살아가고 있는 다양한 정황들 속 삶의 이야기로 가득하다. 책을 많이 읽는 영어권 사람들은 자신들이 읽은 책의 내용을 가지고 많은 비유를 적용하며 말을 만드는 것이 일반화되어 있다. 특히 베스트셀러 책들은 당연히 다 읽었다고 생각하고 베스트셀러에 나오는 이야기를 비유로 대화를 이어 나가는 경우가 허다하다.

문학 서적에서는 작가가 어떻게 문장을 만들고 사용하는 단어에 어떤 새로운 의미를 부여했는지 볼 수 있어 정황에 맞는 풍부한 표현력과 어휘력을 키울 수 있다. 문학을 읽는 것은 전 세계인들이 모국어를 키우는 데도 사용되는 보편적인 방법이므로 외국어를 배울 때도 해당 언어의 문학 서적을 읽는 것은 가장 기본이 되는 방법이라고도 할 수 있다.

특히 수백 년 이어 내려온 영미 고전문학은 그 언어가 가지고 있는 역사를 자연스럽게 이해할 수 있게 해 주며, 그 시대 최고의 지성인들이 전달하는 깊은 철학적 배경이 깔린 표현들이 있어 문화에 깊이 침투할 수 있다.

블로그 읽기

블로그는 현지에서, 현재의 시점에 특정한 정황과 함께 글이 전개되고 앞에 사람이 있다고 생각하고 써 내려간 직접적인 표현들이기 때문에 단어의 원뜻과 실제 사용되었을 때 의미가 어떻게 다른지 생동감 있게 전달한다. 문장도 길지 않기 때문에 큰 영어 실력이 없더라도 부담 없이 문화를 접해 볼 수 있는 기회를 제공한다.

영어 사설이나 문화작품을 읽기 위해서는 중급 이상의 영어 실력을 요구한다. 영어 실력이 있다고 하더라도 살인적인 입시 경쟁과 암기 공부 방식을 요구하는 우리나라의 교육제도는 아이들이 개방성을 갖고 다양한 콘텐츠를 접하며 새로운 것을 이해하도록 하기보다는 한 가지 콘텐츠만을 파고들어 반복하는 것에 익숙해지도록 한다.

다양한 콘텐츠를 요구하는 문화의 이해는 우리나라 영어교육에서 완전히 결여되어 있으며 이것은 많은 사람이 영어 시험에서는 만점을 받아도 말은 한마디도 못하는 이유이다. 또한 다양한 콘텐츠를 접하지 않고 암기 중심으로만 공부하는 것은 아이들을 생각으로부터 멀어지게 하고, 경직되고 폐쇄적으로 만든다. 폐쇄성은 이질적인 문화를 이해하고 알고자 하는데 가장 큰 방해물이다.

문화를 이해하고 누리는 것은 언어를 효과적으로 배울 수 있도록 도와줄 뿐만 아니라 짧은 인생을 향유하며 지적인 삶을 사는 데 결정적인 역할을 한다. 한국 아이들과 영국 다국적 캠프에 갔을 때 우리나라의 문화를 접했던 한 영국 선생님이 했던 말이 인상적으로 남아있다.

영국에 김치를 가져가서 김치를 먹고 있는 한국 아이를 지나가다 본 영국 선생님은 자기도 김치를 좀 먹어봐도 되냐고 물었다. 그 아이는 김치를 한 번도 먹어보지 않은 영국 선생님에게 아주 맵고 입맛에 맞지 않을 수 있다고 경고했다. 그러자 영국 선생님은 이렇게 대답했다. "내 입맛에는 안 맞을 수도 있겠지만 그토록 유명한 김치라면 그 김치가 가진 가치가 분명히 있을 거야."

영어에 대한 올바른 인식을 갖고 있다는 착각

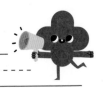

영어는 무역과 외교의 언어이며, 과학, 항공, 컴퓨터, 관광의 언어일 뿐만 아니라 국제 매체와 국제 언론의 언어이다. 세상이 어떻게 돌아가는지 읽어내고 중요한 판단과 결정을 해야 하는 리더가 되거나 사회에서 중요한 역할을 하게 되는 자리에 올라가게 될수록 꼭 필요한 능력이 된다.

그런데 우리나라의 많은 아이들은 이러한 영어를 이유도 모른 채 배운다. 어릴 때부터 영어를 배워 익숙하거나 그냥 언어가 재미있어서 꾸준히 하는 아이들도 있지만 공부하면 할수록 어려워지는 영어는 아이들에게 왜 영어를 배워야 하는지 의문을 품게 하고 결국 어려운 영어를 포기하는 아이들이 나오기까지 한다. 영어가 세계 공통어라고 하지만 한국말을 사용하는 학교에 다니고, 한국어로 공부하며, 한국말로 모든 소통이 가능한 한국에서 영어가 세계에서 사용되는 공통어이니 꼭 배워야 한다는 인식은 사실 우리에게 와 닿지 않는다. 그래서 대부분의 사람에게 영어는 학교에서 평가하는 하나의 과목일 뿐이고 대학 가기 위한 하나의 통과 의례이다. 어른이 되어서 다시 영어를 배우고자 하지만 영어를 잘 알아듣지 못하고 구사할 수 없는 탓을 시험 위주의 영어 공부 방법으로 돌리며 회화 수업을 찾아 다니며, 말을 해 보려고 한다. 하지만 회화 수업 이전에 깊은 우물을 먼저 파야 한다는 사실을 모르고 열심히 문을 두드리다 늘지 않은 영어 실력에 또 한 번 좌절하고 만다.

글로벌 시민 의식

극동 아시아에 위치하고 삼면이 바다인 우리나라는 북한 외에 그 어떤 나라와도 국경을 접하고 있지 않아 지리적으로 매우 고립되어 있다. 지리적으로 고립되어 있다는 것은 그만큼 우리가 다른 나라와 한 행성을 나눠 쓰며 함께 살아가고 있다는 인식을 갖지 못하게 한다. 이러한 지리적·문화적 환경을 극복하고, 영어에 대한 강한 동기를 부여하기 위해 꼭 필요한 것이 '글로벌 시민 교육'이다. 글로벌 시민 의식 없이는 한국어만 사용하고 단일민족으로 구성된 한국에서 영어를 오랜 시간 꾸준히 배워야 하는 이유를 찾기 어렵다. 그래서 삶의 질을 높이고 높은 문화 수준을 누릴 기회를 놓치게 될 수 있다. 영어를 그저 자기를 옥죄는 하나의 시험 과목이나 취업 과목으로만 바라보게 할 뿐이다.

'글로벌 시민'은 수십 년째 통용되는 개념이다. 글로벌 시민 의식이란 세계 속에서 각 개인에게 던져지는 도전과 기회를 직면하고, 세계와 상호 연결될 수 있는 의식을 말한다. 한국에만 속하는 것이 아니라 세계라는 공동체와 인류에 속하는 개념이다.

글로벌 시민 의식은 영어를 배워야 하는 강한 동기를 유발할 뿐만 아니라 어디에 살고 있든 세계 시민으로서 서로를 존중할 수 있는 소양을 키워주며, 진정한 공정함

이란 무엇이고, 우리가 사는 이 지구에 해를 최소화할 방법은 무엇인지에 대해 폭넓고 비판적인 사고를 할 수 있게 한다. 이러한 세계 시민 의식 교육이 이루어지면 아이들은 세계 시민이 되기 위한 과정으로 영어를 그저 시험 과목이 아닌 꼭 알아야 하는 언어로 받아들이게 될 것이다. 꾸준한 영어 실력 향상은 아이들에게 더 많은 기회의 문을 열어주게 될 뿐만 아니라 선진의식을 키워 더 자유롭고 행복한 사회를 이룰 수 있다.

글로벌 시민이 되기 위해서는 다양한 문화와 종교를 가진 사람들과의 다름을 존중해 주고, 협동을 가르쳐야 한다. 글로벌 시민이라는 것은 어떤 일을 결정하든 세계를 중심으로 의식한다. 대한민국에서 영어를 제대로 공부할 수 있는 환경을 만들어 주고 이를 통해 더 많은 기회를 얻게 하기 위해서는 글로벌 시민 의식이 절대적으로 필요하다. 글로벌 시민의식은 정치·경제·사회·문화적으로 지역 간, 국가 간, 그리고 세계 간 상호 의존적일 뿐만 아니라 서로 연결되어 있다는 인식을 자리 잡게 하는 의식이자 마땅히 누려야 할 권리다.

Part 4

잘못된
영어 환경

수학교육이 영어에 피해를 주지 않는다는 착각

　성공한 사람들이 공통적으로 갖고 있는 두 가지 특징이 있다. 바로 뛰어난 '비판적 사고'와 놀라운 '효율성'이다. 『12가지 인생의 법칙』의 저자이자 하버드 대학교 및 토론토 대학교 심리학 교수인 조던 피터슨에 따르면 크게 성공한 사람들과 어떤 주제로 논의를 해 보면 감당할 수 없을 정도도 비판적 사고가 뛰어나 제대로 준비하지 않으면 대화 중 그들에게 갈기갈기 찢김을 당하게 된다고 한다. 그리고 그들의 이러한 뛰어난 비판적 사고가 그들에게 주는 또 다른 능력이 바로 '효율성'이다. 시간의 효율성, 원천의 효율성, 일의 효율성 등 비판적 사고는 결국 자기가 갖고 있는 모든 원천을 효율적으로 활용하여 최대의 결과를 창출하도록 해 주는 것이다.

이것은 우리에게 시사하는 바가 있다. 바로 효율성이 성공과 연관되어 있다는 점이다. 한국어가 모국어인 사람이 영어를 능통하게 하기 위해서는 그 어떤 학문보다도 많은 시간이 필요하므로 효율성을 따져야 한다. 그리고 영어의 배움에 효율성을 높여주는 것은 바로 '영어의 영역별 타이밍'이다.

세계 모든 대학들이 학생을 선발할 때 가장 중요하게 평가하는 것이 바로 언어 능력이다. 언어는 모든 학문에서 가장 기초가 될 뿐만 아니라 모든 지식을 이해하고 사고할 수 있는 기반이 되기 때문이다. 또한 언어는 논리력과도 밀접한 관련이 있다.

그런데 우리나라는 수학을 잘해야 대학을 갈 수 있다는 생각이 강해서 초등학생부터 수학 학원에서 많은 시간을 보내게 된다. 수학 개념을 갖고 수학적 사고를 하는 것도 물론 대학에서 학문을 하기 위해 꼭 필요한 능력이지만 어릴 때부터 모든 아이들이 대학이라는 문 앞에서 수학 문제를 푸는 데 시간을 보내고 있어, 언어교육의 타이밍을 놓치고 있다.

언어에도 성장판이 있다. 언어의 성장판은 만 12세까지 열려 있다가 만 12세가 되어 닫히면서 논리적인 사고를 할 수 있는 시기가 시작된다. 논리적 사고가 성장하는 시기에 충분한 언어적 바탕이 되어 있지 않으면 만 12세 이후 16세까지 폭풍 성장하는 논리적 사고의 가치관 형성에도 영향을 미치게 된다. 외국어도 마찬가지이다. 따라서 언어 성장판이 열려있는 시기의 아이들은 언어가 발달할 수 있는 환경에 많이 노출되고, 정서를 발달시키며, 논리적 사고력과 함께 성장해야 한다.

이 시기에 우리나라 아이들은 대학입시를 위해 초등학교 때부터 수학 문제를 푸느라 한국어와 영어 능력을 충분히 향상시키고, 정서와 지능을 키울 수 있도록 많은 책을 읽으며 친구들과 교감할 수 있는 기회를 갖지 못한다. 어릴 때부터 온통 숫자와 계산 풀이 하느라 바쁘다. 변별력 때문에 너무나 많은 문제를 짧은 시간 내에 풀어야 하는 우리나라 아이들은 수학 학원에서 개념 중심의 공부를 하는 게 아니라 짧은 시간 안에 많은 문제를 풀 수 있도록 다양한 문제 유형을 외우기 위해 수백 문제를 과제로 받아 온다. 그래서 책을 보고 언어에 관심을 가져야 할 나이에 숫자와 시간을 보낸다.

중고등학교에 올라가면 하교 시간이 늦어지면서 남는 자유시간의 대부분을 수학 문제를 푸는 데 빼앗긴다. 중학교 때 고등학교 선행학습을 하므로 모든 아이들은 더 많은 시간을 수학에 쏟아부어야 한다. 고등학교에 올라가면 내신성적을 올리기 위해 수학 문제를 풀고, 또 풀고, 또 푼다. 개념 위주로 수학을 공부하지 않으니 믿을 수 없을 정도의 많은 시간을 다양한 유형의 문제를 푸는데 쏟아붓는다.

이렇게 수학적 사고에 익숙해진 아이들은 언어를 바탕으로 비판적 사고를 키워야 할 나이에 좌뇌만 사용하게 되어 비판적 사고를 할 수 없게 된다. 결국 성공하기 위해 갖춰야 하는 두 가지 능력 '비판적 사고'와 '효율성'을 잃게 되는 것이다.

키가 커야 하는 시기에 영양가 있는 음식을 먹고, 키가 클 수 있는 운동을 해야 하는데 우리나라 아이들은 반대로 가고 있다는 느낌을 받는다. 언어를 잘하기 위해서는 타이밍이 중요하다. 그런데 그 타이밍을 우리나라의 잘못된 입시 제도로 수학이 다 갉아먹고 있다. 국어를 잘해야 영어도 잘한다. 너무 빨리 시작되는 암기식 수학교육이 아이들의 언어 능력을 저하시키고 모든 학업의 학습의 효율성을 떨어뜨리고 있다.

우리나라의
수치 문화가 교육과
아무 상관없다는 착각 ········

아시아 국가들이 공유하고 있는 여러 문화 중에서 한국과 일본 그리고 대만이 도드라지게 공유하고 있는 문화가 있는데 바로 수치 문화(shame culture)이다. 수치 문화는 가족, 대중, 직장 상사를 포함한 다른 사람들의 기대와 비판에 극도로 예민하게 반응하는 문화이다. 이렇게 옷을 입었을 때 남이 어떻게 생각할까? 이런 질문을 했을 때 어떻게 보일까? 이렇게 타인의 생각을 기준으로 자신의 행동이 결정되는 문화가 바로 수치 문화이다. 이와 대조되는 문화가 바로 죄의식 문화(guilt culture 또는 culture of sin)이다. 죄의식 문화는 서양 국가들이 가진 문화이다.

서양 국가 중 왕실을 지켜야 하는 영국은 죄의식 문화와 수치 문화 모두 존재하지만 영국을 제외한 대부분의 서양 국가들에서는 사회에서 죄의식 문화가 기능한다. 이 문화는 남이 나에 대해 어떻게 생각할까보다는 절대적 도덕의 기준에 비추었을 때 개인 스스로가 양심의 가책을 느끼는지, 느끼지 않는지에 기반하여 행동의 옳고 그름을 판단한다. 행동의 중심에는 절대적 도덕에 대한 양심이 기준이 되고 타인의 시선은 상관하지 않기 때문에 죄의식 문화에서는 남의 시선을 두려워하지 않을 뿐만 아니라 자기 자신도 다른 이들의 행동이나 발언에 대해 평가하지 않음으로써 자유롭다. 서양에서는 우리나라보다 더 많은 상상의 세계가 펼쳐질 수 있고, 더 창의적인 활동이 가능한 이유가 남의 시선에 구애받지 않기 때문이다.

하지만 수치 문화를 가지고 있는 나라는 어릴 때부터 절대적인 도덕적 가치를 기준으로 아이들의 행동을 규제하는 것이 아니라 수치를 느끼는 감정을 발달시키며 아이들의 행동을 규제하고 도덕의 기준을 세워 나간다. 따라서 남이 어떻게 나에 대해서 평가하는가에 많은 무게가 실리며, 서양과는 달리 서로의 행동이나 발언을 평가하는 게 당연시된다. 그래서 매사 행동에 조심하며 부정적 평가와 비난이 올까 두려운 마음에 솔직하고 정직하기가 쉽지 않다. 동아시아 국가인 일본, 대만, 한국이 이러한 수치 문화를 갖게 된 배경은 유교사상(Confucianism)에 있다. 유교에서는 수치를 느낄 때 인간이 겸손하게 살 수 있다고 가르치고 있기 때문이다.

이러한 수치 문화가 우리나라의 교육과 사회에 미치는 영향은 매우 크다. 다른 사람들 앞에서 겸손하게 행동하여 상대의 마음을 편하게 해 줄 수는 있지만 속마음을 드러낼 수 없어 경직된 사회를 만들고, 서로 속마음을 드러내지 않는다는 것을 잘 알기 때문에 자신을 포함한 사회 구성원들을 신뢰할 수 없게 된다. 나와 상관없는 사람이 있는 곳에서는 행동을 규제하는 절대적인 기준이 없어지기 때문에 한국 사람이 없는 곳에서는 자유로움을 느끼게 된다. 이러한 수치 문화를 바탕으로 다른 나라에서는 찾아볼 수 없는 문화가 만들어졌는데 어른이 되었을 때 자신의 이름 알려주기를 꺼리고 잘 모르는 사람들에게 말을 거는 것을 기피한다. 또한 질문에 대해 대답하면 책잡히지는 않을까 하는 우려 때문에 질문에 매우 조심스럽고, 물어보지 않는 것이 덕이라고 생각하는 문화가 자리 잡혀 소통이 단절되어 있다.

이러한 문화는 기자들이 정치인들에게 날카로운 질문을 던져 국민들의 궁금증을 해소하고 언론의 자유를 실현해야 하는 직업적 특성에도 불구하고 한국 기자들의 입을 다물게 하는 상황까지 만들었다. 미국의 오바마 전 대통령의 기자회견에서 한국 기자들에게 질문할 기회가 주어졌을 때, 질문하지 않고 서로 눈치를 보고 있자 한 중국 기자는 한국 기자들이 질문하지 않으니 그럼 자기가 질문을 하겠다고 나서는 우스꽝스러운 사건이 있었다. 나중에 방송국 다큐멘터리 PD가 오바마 전 대통령의 기자회견에 참석했던 한국 기자들에게 그 이유를 묻자, 선배들에게 질문할 기회를 먼저 줘야 한다는 생각에 눈치를 보고 있었다는 직업의식을 상실한 대답이 돌아왔다고 한다.

이러한 수치 문화는 한국의 교육에 미치는 영향도 매우

크다. 서양의 교실에서는 선생님들이 수업 내내 질문을 던지고 아이들은 서로 대답하겠다고 손을 번쩍 든다. 그래서 선생님과 활발한 소통이 이루어지면서 수업 시간이 흘러간다. 하지만 우리나라의 교실에서는 함께 소통하는 게 불가능하다. 수치 문화에 점점 눈을 뜨게 되는 십 대들은 친한 친구들이 없으면 대부분 입을 꽉 다물고 질문하는 아이들은 이상한 사람으로 취급받아 수업 시간에 아무 질문도 할 수 없다. 따라서 일방적인 선생님의 수업으로 진행되어 질문 없는 교실과 잠자는 교실로 유명한 나라가 되었다.

수치 문화는 국내에서뿐만 아니라 해외에서도 이어진다. 매년 진행되는 영국 캠프에 참여하여 우리나라 아이들과 외국 아이들을 한자리에서 비교해 볼 수 있는 기회가 종종 있는데 캠프 프로그램 중 나라별 장기자랑 시간이 있다. 이때 참여하지 않는 아이들은 늘 우리나라 아이들이다. 늘 비교와 평가 그리고 다른 이들의 눈치를 보며 자라는 우리나라 아이들은 해외에 나와서까지 평가받을까 두려워 아무것도 못하는 것이다.

영어는 세계를 연결해 주는 언어이기 때문에 특정한 문

화에 구속받지 않는 자유로운 사고 속에서 성장할 수 있다. 하지만 우리나라 아이들은 21세기에도 여전히 이어지고 있는 비교 평가의 교육제도와 사회에 만연해 있는 수치 문화에 갇혀 영어를 영어답게 배우지 못하고 있다. 이런 수치 문화에서 영어 회화를 가르친다는 것은 거의 불가능한 일이다.

세계에서 영어를 가장 잘하는 나라인 네덜란드는 대학교에서 교수의 권위가 학생들의 자유로운 사고를 막을 수 있다고 판단하여 학생들에게 교수를 부를 때 교수(professor)라는 호칭을 사용하지 않고 과감히 이름으로 부르도록 했다. 서양은 이미 높임말, 반말이 없고 나이에 따른 호칭도 없기 때문에 사람들 사이의 위격이 우리나라에 비해 적음에도 불구하고 대학에서는 권위 의식을 버리고 스스로 더 성장하기 위해 교수의 권위를 낮추는 선택을 과감히 받아들인 것이다. 그뿐만 아니다. 네덜란드 대학에서는 한 번의 시험으로 평가받는 불합리함을 해소하기 위해 시험을 치른 후 성적에 불만이 있는 경우 교수에게 면담 신청을 할 수 있다. 그리고 이를 통해 재시험을 결정할 수 있다. 교수 또한 성적에 불만족해 하는 학생의 면담 요청을 자신의 권위에 대한 도전으로 받아들이지 않고 학생들의 말에 귀 기울인다.

17세기 유럽에서 시작된 계몽주의(Age of Enlightenment)가 21세기 네덜란드 대학에서 내린 결정처럼 오늘날에도 계속 이어지고 있다. 성장을 가로막고 있는 것을 찾아내고 제거하기 위한 계몽주의가 필요하다.

우리도 성장하는 데 있어서 길을 가로막는 것이 있다면 과감하게 수정하고 제거하려는 노력이 필요하다. 그중 하나가 바로 이 수치 문화다. 21세기는 정보화 시대이다. 그 어느 때보다 정보를 읽어내고 이해할 수 있는 영어 문해력(literacy)과 창의력(creativity)을 요구하는 시대이다. 이러한 능력은 세계화된 경쟁시장에서 뿐만 아니라 세계와 나를 연결하고 개인적으로 그리고 전문적으로 성공할 수 있는 핵심 사항이다. 아이들이 이러한 능력을 갖추고 세계와 어깨를 나란히 할 수 있도록 한국의 수치 문화는 하루속히 계몽되어야 한다.

세계사를
몰라도 된다는
착각

무엇이든 배우고 공부하는 데는 반드시 동기가 필요하다. 가르치는 사람이 아무리 잘 가르쳐 줘도 동기가 없으면 마음을 열지 않고 스스로 하지 않으면 결과를 기대할수 없다. 고등학교에서 성적이 잘 안 나오는 학생들의 공통점은 앞으로 무엇을 할지 잘 모르거나 구체적인 목표가없다. 영어를 못하는 이유 중 하나는 우리가 영어를 잘하면 돌아오게 되는 이점을 잘 모르고 있기 때문이다. 그냥세계 공통어라는 단순한 인식 하나뿐이다.

영어를 배워야 하는 동기를 초·중학생들에게 물어보면

'엄마가 하라고 해서, 시험 과목이어서'라는 대답이 가장 많이 나온다. 성인들의 대답은 '외국인과 대화하고 싶어서'이다. 그냥 영어가 멋있어 보여서이다. 학생들은 부모님의 권위에 억지로라도 영어 공부를 이어가지만 성인들은 시작하다가 3개월 안에 포기하거나 3개월을 넘기면 대부분 6개월 안에 포기한다. 영어를 했을 때 자기에게 돌아오는 이점에 대해서 사람들은 전혀 알지 못하고 있기 때문이다. 그렇다면 영어를 왜 해야 할까? 영어의 동기는 무엇이 되어야 할까? 대한민국 도시 안에서, 작은 동네 안에서 이리저리 왔다 갔다 하며 살고 있을 뿐인데 굳이 영어를 깊이 있게 알아야 할까.

역사를 보면 언어의 위대함은 말보다 글자에 있다. 그래서 진화되는 문명 중에서 우리는 늘 글자의 발명에 집중한다. 기원전 3400년에서 3100년 사이 인류 최초의 문명 발생지인 메소포타미아(Mesopotamia)문명의 수메르(Sumeria)인들이 위대했던 이유도 도시 국가를 짓고 바퀴와 학교를 발명한 것 외에도 큐네이폼(cuneiform)이라는 설형문자를 발명해서 그들의 경제에 기본이 되는 곡식의 공급을 기록하며 번창했기 때문이다. 기원전 3250년 이집트도 글자를 발명하여 정부와 종교에 대한 기록들을 남기며 번창했다. 또한 기원전 1500년 중앙아메리카의 마야(Maya)제국은 상형문자(Hieroglyphic Writing)를 발명하여 그들의 통치자와 이야기를 기록하며 번창해 나갔다.

이처럼 글자는 그 나라 통치자의 생각과 경제의 기록에 중심이 되며, 나라의 번창에 기본이 된다. 하지만 15세기까지만 해도 글자는 귀족들과 지배층의 특권이었으며 서민들은 글을 몰랐다. 지배층들이 하류층을 다스리기 위한 도구일 뿐이었다.

1440년경 유럽의 역사를 바꿔 놓는 위대한 발명품이 탄생한다. 바로 활판 인쇄술로 글자를 찍어낼 수 있는 인쇄기의 발명이다. 금속 활판 인쇄술을 사용한 독일의 금(金) 세공업자였던 요하네스 구텐베르크(Johannes Gutenberg)는 활자 설계, 활자 대량 생산 기술을 유럽에 전파하고 이로 인해 성서를 대량 인쇄함으로써 성직자와 지식인들만 읽을 수 있던 성서를 대중화시켰다. 당시 성서를 비롯한 책들은 필사본으로 그 수량이 적어 가격이 매우 비싸고 구하기가 힘들었다. 활판 인쇄술이 서양에 등장하면서 책의 대량 생산이 가능해졌고 많은 사람들이 이전보다 쉽게 책을 접할 수 있게 되었다.

대량 생산된 책 중에는 그리스와 로마의 고전 작품도 있었고 이것은 르네상스의 밑거름이 되었다. 마틴 루터가 로마 가톨릭의 면죄부 판매를 비판하기 위해 95개 조 반박문을 써서 비텐베르크 성교회의 문에 붙였을 때 이 반박문은 활판 인쇄술에 대량 인쇄되어 2주 만에 독일 전역에, 두 달 만에 유럽 전역에 퍼졌다고 한다. 결과적으로 '구텐베르크의 인쇄술'이 면죄부 판매를 비판하는 논리를 널리 퍼트려 종교개혁의 불씨를 지폈다고 할 수 있다.

인쇄기의 발명은 서민들에게까지 책 보급을 가능하게 했다. 서민들도 글을 배우고 지식을 쌓을 수 있게 되었고, 제한되지 않은 정보와 아이디어의 순환은 나라의 개혁을 이끌었다. 정치적·종교적 권위자들의 절대 권력을 위태롭게 하였으며 독재와 엘리트들이 특권으로 누렸던 높은 문해력 교육을 일반인들도 받을 수 있게 됨에 따라 중산층을 만들어냈다. 결국 귀족들이 사용했던 어려운 라틴어(Latin)는 링구아프랑카(lingua franca: 다른 사람들이 상호 이해를 위하여 만들어 사용하는 언어. 어느 한쪽의 모국어이거나 제3의 언어일 때도 있음)로 밀리며 대중들이 실용적으로 사용할 수 있는 유럽의 토착 언어(vernacular)를 정착시켰다. 또한 인쇄기라는 영어 단어 printing press에서 'press'라는 단어를 '언론'이라는 뜻으로 빌려 사용하게 되었고 결국 대중매체라는 개념을 만들어 사회의 구조를 영원히 바꿔 놓았다. 이 일련의 사건들은 1000년대의 가장 영향력 있는 사건으로 주목된다. 이 모든 것이 인쇄기 이전에 글자의 발명이 없었다면 불가능한 일이다.

이와 같이 글자는 우리의 사고방식을 완전히 바꿔 놓을 뿐만 아니라 우리를 지성인으로 만들어 타인에게 종속되지 않고 자기 스스로 생각하고 판단할 수 있도록 해줌으로써 생존의 질과 양을 높여준다.

한국어 외에도 높은 영어 문해력을 갖는다면 역사가 보여주듯 사고 세계를 한 차원 더 높은 수준으로 올려줄 것이다. 세상을 평등하게 만드는 것은 지도자가 아니다. 유럽의 역사가 보여준 것처럼 사회를 더욱더 평등하게 만들어 주는 것은 평등한 사회를 원하는 사람들이다.

평등한 사회를 원한다면 세계 속에서 우리를 볼 수 있어야 한다. 21세기는 세계화의 시대이다. 나 그리고 우리의 생존과 삶의 질과 양은 더 이상 국내에 국한되지 않는다. 전 세계의 흐름에 좌우된다. 우리는 지금 세계를 이해하고 흐름을 파악하지 못하면 도태될 수밖에 없는 시대에 살고 있다.

네덜란드, 독일, 스웨덴, 핀란드, 덴마크 등 모두 자기나라말이 있지만 국민의 95%가 영어를 능통하게 사용한다. 그리고 이 나라들은 사회복지제도가 잘 정비되어 있다. 우리나라와는 달리 생존 불안을 느끼지 않고 생존 불안이 없으니 당연히 행복지수도 세계 최고다.

영어는 세계 속에서 우리의 위치를 파악할 수 있게 해주고 객관적인 판단을 할 수 있도록 도움으로써 더 좋은 사회를 만드는 데 결정적인 역할을 해 줄 수 있다. 세계사는 이처럼 영어를 잘할 수 있는 큰 동기를 제공해 주는 꼭 필요한 과목이다.

우리나라가
외국어를 장려하는
분위기라는 착각

　중학교 시절, 해외에서 국제학교에 다닐 때 여러 인종의 아이들과 함께 공부하게 되면서 만났던 찰리라는 홍콩 친구가 있었다. 그 친구는 어머니가 일본 사람이고, 아버지는 홍콩에서 사업을 해서 광둥어와 일본어를 자연스럽게 구사했고, 만다린은 중국의 공용어이기에 필수로 구사할 수 있었다. 찰리 아버지의 고향이 중국 상하이어서 그곳에 사는 할머니, 할아버지 그리고 친척들과 소통하기 위해 상하이어도 가능했다. 캐나다에서도 학교에 다니고 또 홍콩에서는 국제학교에서 영어로 공부해서 영어도 능통했다. 그리고 학교에서 독일어를 제2외국어로 배우고 있는 과정이었다. 그래서 찰리는 실질적으로 5개 국어를 자연스럽게 구사할 수 있었다. 영어 하나도 힘들게 공부하는 한국 사람들에 비해 5개 국어나 하는 그를 보며 나는 다국적 가정에서 성장했고 광둥어, 만다린, 상하이어는 모두 중국계 언어이니 비슷해서 쉽게 하는 것이라고 스스로 단정 지었던 기억이 있다.

출장 차 영국에서 한국으로 돌아오는 비행기에서 30대 초반으로 보이는 네덜란드인과 영국인 외국 친구들과 함께 앉아 대화할 기회가 있었다. 영어로 대화를 나누다 갑자기 그 둘은 서로 불어를 능통하게 사용한다는 것을 알고 불어로 대화를 이어갔고, 나는 자연스럽게 그 대화에서 빠지게 되었던 적이 있다. 네덜란드 친구에게 네덜란드 언어 외에 몇 개를 더 구사하는지 물었는데 영어와 불어를 능통하게 하고 독일어는 네덜란드어와 뿌리가 같아서 네덜란드인들은 독일어로 말은 못해도 90% 이상 알아듣는다고 했다.

인도에서 일하며 인도 사람들도 3개 국어는 자연스럽

게 구사한다는 것을 알게 되었다. 공용어인 힌디어와 영어는 능통하게 사용하고, 인도에서 사용되는 다른 지역 언어까지 3개는 기본이었다. 찰리가 만다린, 광둥어와 상하이어를 한다고 했을 때는 다 같은 중국계 언어는 뿌리가 같으니 쉽게 할 수 있는 게 아닐까 생각했다. 그런데 인도의 힌디어나 다른 지역 언어가 완전히 다른 언어이듯 같은 중국계 언어일지라도 발음이 완전히 다르고, 한자도 다르게 사용한다는 것을 알게 되면서 완전히 다른 언어라는 것을 알게 되었다.

3개 국어 이상 구사하는 사람들에게 언어를 배우는 데 힘들지 않았냐고 물어보면 한결같이 돌아오는 말이 어렵지 않다는 것이었고, "우리나라에서는 3개 이상 다국어 사용은 기본이야"라는 말을 흔히 들을 수 있었다.

부모가 다국적이어서 그 나라 언어를 쉽게 하는 것이라고 흔히 생각할 수 있지만 미국으로 이민 가서 살고 있는 한국 가정의 대다수 아이가 부모가 한국 사람이어도 한국 말을 못하고 영어만 구사하는 것을 보면 찰리의 다국어 사용이 그저 환경 때문만은 아니라는 생각이 든다.

세계에서 2개 국어를 사용하는 사람이 많게는 60~ 75%에 달한다. 언어를 하나만 사용하는 사람들은 영어가 공용어인 나라와 같은 미국이나 호주 사람들인데 거기에 한국인들도 포함되어 있다. 미국은 대륙이기에 영어 하나만으로도 그 큰 대륙의 모든 사람들과 소통할 수 있으니 다른 언어를 배우는데 큰 동기가 없다고 치고, 호주와 같은 다른 영어권 나라들도 자원이 풍부하고 영어 하나만으로도 전 세계와 소통이 가능하기 때문에 하나의 언어에 만족한다고 하지만 아시아 극동에 위치, 수출에 의존하는 우리나라 사람들이 하나의 언어만 구사한다는 것은 매우 용감한 일이 아닐 수 없다. 세계화의 물결에 맞지 않을 뿐만 아니라 세계가 어떻게 돌아가는지 직접 읽어 내지 못하여 분명 개인적으로나 사회적으로 큰 손해를 보게 될 것이기 때문이다.

한 예로 코로나19를 어떻게 해결할지 불안해하는 가운데 전 세계는 온라인으로 연결되어 해결 방안을 놓고 활발한 토론을 이어 나갔다. 한국은 어떻게 방역하는지 한 독일 언론이 우리나라 외무부 장관과 인터뷰했을 때의 일이다. 코로나19 초기 확진자의 주소와 가족 수를 공개하고 확진자의 동선까지 공개한다는 것을 알고 독일의 앵커가 경악하며 이것은 엄연히 인권침해인데 한국 국민들이 이러한 방침에 수긍한다는 것에 대해서 놀라는 반응을 보였다.

그 인터뷰 영상을 본 우리나라 사람들은 유럽인들이 개인의 인권을 얼마나 중요하게 생각하는지 모른 채 독일 언론이 우리에 대해 인종차별적인 발언을 했다는 황당한 반응을 보이며 인터넷상에서 불필요하게 불쾌감을 내보이며 시끄러웠던 적이 있다. 결과적으로 확진자의 개인정보 및 동선 공개로 우리는 인권침해를 당하고 있었고, 수개월이 지나 우리나라에서도 인권침해를 인정하고 확진자의 정보공개를 중단했다. 이러한 한 예를 보더라도 우리가 얼마나 무지한지, 세계의 의식 수준에 얼마나 뒤떨어져 있는지 알 수 있다.

세계 60~75%의 인구가 적어도 2개 국어 이상을 구사한다. 스위스, 인도, 캐나다, 벨기에, 핀란드를 포함한 세계 55개 나라들이 2개 이상의 언어를 국가의 공용어로 지정하고 있다. 또한 유럽의 경우 EU 회원국들은 서로 한 나라처럼 이동할 수 있어 다른 문화와 그 다양성에 대한 잦은 노출로 서로에 대한 이해와 유대감을 형성할 수 있다. 그 어떤 나라와도 국경을 접하고 있지 않은 아시아 극동에 고립된 우리나라는 영어만이 세계를 읽고, 국제적인 수준 의식에 도달하며, 세계와 어깨를 나란히 할 수 있는 유일한 수단임에도 공교육에서 가르치는 영어로는 아무것도 할 수 없는 수준의 영어로 끝이 난다.

국제화, 세계화, 21세기라고 떠들며 글로벌 시대라는 것을 강조하지만 정작 글로벌 시민으로서 성장할 수 있는 교육 환경은 전혀 조성되지 않았다. 중학생들은 영어 시험을 잘 보기 위해 본문을 통째로 외워 시험을 보고, 고등학생들은 지문을 읽고 시험문제를 풀기에는 시간이 부족하여 영어를 배우는 것이 아니라 인강을 통해 영어 문제를 푸는 스킬을 배우고 있으며, 대학생들과 성인들은 영어 회화의 패턴을 외워 영어에 대한 통찰력을 갖고자 한다. 모두 영어를 잘할 수 있는 것과는 완전히 동떨어진 학습 방법이다.

이것은 개인의 잘못이 아니다. 영어를 어떻게 공부해야 할지 영어에 대한 자세와 방법 등에 대한 제시가 없으므로 효율성이 떨어지고 효과 없는 교육 방법으로 공부하게 되는 것이다.

나라에서는 외국어를 배우도록 장려하고 외국어를 더욱 효과적으로 배울 수 있도록 초중고 영어교육 커리큘럼을 바꿔야 한다. 효과적인 영어교육 커리큘럼이 자리 잡히기 위해서 서열화된 대학의 입시제도 또한 반드시 달라져야 한다. 그렇지 않으면 우리는 세계를 읽지 못하는 극동의 고립된 시민으로 남게 될 것이다.

사람한테
관심이 없어도
된다는 착각

심리학적으로 여자들은 사람에게 관심이 많고, 남자들은 물건에 관심이 많다고 한다. 그래서 세상에 성별로 분포된 직업을 보면 사람을 대하는 교사나 서비스 업종에는 여자가 훨씬 많고, 기계나 물건을 다루는 일에는 남자가 훨씬 많다. 하지만 언어를 공부할 때는 사람에 대한 관심이 절대적으로 유리하게 작용한다.

학창 시절 부모를 따라 해외에서 국제학교에 다니고 동시통역 등 영어 관련 일을 하며 자연스럽게 다양한 인종의 사람들을 만나며 항상 느껴왔던 것이 있다. 최근에도 영어 캠프에 인솔 교사로 한국 학생들과 영국에 가 프랑스, 네덜란드, 핀란드, 독일, 스페인, 이탈리아, 중국, 일본, 인도, 사우디아라비아 등 다국적 학생들을 만나며 자연스럽게 우리나라 아이들과 다른 나라 아이들을 비교해 볼 기회가 있었다. 여전히 달라지지 않은 것은 우리나라 아이들은 표정이 없다는 점이다. 아이들 얼굴에서 나오는 표정은 부모가 자신들을 대하는 표정을 닮는 거라고 하던데 얼굴에 표정이 없는 건 우리 조상님들이 물려준 유산인가 보다.

표정이 없다는 것이 무슨 문제인가? 살아가는 데 그리 큰 문제가 되지 않을 수 있다. 하지만 언어의 배움과 활용의 확장성을 키우는 데는 방해가 된다.

무표정은 자기 마음속 느낌이나 감정을 가리고 있다. 무표정인 사람을 보면 어떤 감정도 느낄 수 없어 우울하게 된다. 그래서 피하고 가까이하고 싶지 않다. 표정 없는 학생들이 많은 강의실에 들어가면 그들과 교감이 안 되어 관계가 차단된다. 그래서 인간이 누리는 특권인 언어로 관계를 이어가는 데 방해가 된다. 이것은 외국어를 배우는 데 있어서만이 아니라 모국어에서도 마찬가지다. 실제로 학생들을 가르칠 때 느끼는 것 중 하나가 표정이 없는 학생들은 한국말로의 표현도 서툴다. 한국말을 알아듣지 못해서가 아니라 상대방이 말을 걸어올 때, 어디서부터 어떻게 대답해야 할지 준비가 안 되어 있다. 상대방을 의식하지 않고 있는 것이다. 그래서 단답형으로 대답하거나 말을 거는 것 자체에 거부반응을 한다. 한마디로 무표정은 온통 자기 안의 생각에 갇혀 있고 사람에 대해 관심이 없다는 뜻이다.

말과 글은 사람들과 소통하기 위한 것이다. 이 땅에서 함께 살아가는 사람들뿐만 아니라 하나밖에 없는 이 지구에서 함께 살아가는 전 세계 사람들과 다양한 학문으로, 문학으로, 정보로, 서로 소통하며 '함께' 살아간다는 인식은 언어 특히 세계 공통어가 된 영어를 배우는 데 큰 동기가 된다. 서로 소통하는 관계 속에서 존재하는 말과 글이야말로 그 존재에 의미가 있다. 사람에 대한 관심은 오늘날 우리가 살아가는 데 꼭 필요한 미덕이다.

무엇을 배우든 가장 중요한 것은 동기다. 동기 없이는

아무것도 배울 수 없다. 한국어가 되었든 영어가 되었든 대한민국에서 함께 살아가는 사람들뿐만 아니라 다른 나라 사람들에 대한 관심이 저변에 깔려 있을 때 언어를 배우는 동기가 시작된다.

함께 살아가는 사람들에 대한 관심이 있다면 표정부터 달라진다. 표정은 다른 사람과의 관계를 차단하기도 하고 열어주기도 하는, 우리가 인지해야 하는 아주 유용한 도구이다.

경쟁 구도와
비교 문화에서 영어가
꽃피울 수 있다는 착각 --------

한국의 교실에서는 극단적인 정서를 가진 두 종류의 학생들을 가르쳐야 한다. 바로 승자와 패자이다. 약육강식의 정글과 같은 교실 속에서 패자가 된 아이들은 깊은 열등감이 내면화되어 있는 정서이다. 이 아이들의 얼굴에는 표정도 없고, 웃음도 없다. 무표정과 무뚝뚝함 그리고 무관심이 특징이다. 물어도 대답하지 않고 질문도 하지 않는다. 승자가 된 아이들도 남을 배려하거나 연대하는 것을 전혀 배우지 못하고 경쟁 속에서 우위에 있다는 오만함이 정서로 그대로 나타난다.

이러한 교실 분위기에서 아이들을 가르치는 것은 결코 유쾌한 일이 아니다. 그냥 공장 같은 학교에서 졸업생만을 찍어내는 것이 선생님의 역할이다. 무엇인가 잘못되었다는 것을 느끼지만 힘없는 아이들은 아무 저항도 할 수 없다. 그리고 이를 지켜보고 있는 사회는 경쟁하지 않으면 잘살 수 없다는 오판으로 아이들을 계속 괴롭힌다. 한국에서 영어 선생님으로 일하는 외국 선생님들의 반응도 좋지 않다. 영어 학원에서 초등학생들에게 영어를 가르쳤던 미국 친구는 아이들이 너무 매너가 없고, 통제하기 어려우며, 미국 아이들과는 너무 다르다고, 가르치는 것을 불편해 했다.

한국의 국제 학교에서 초등학생들을 가르치던 영국인 친구는 우리나라의 아이들이 너무 물질적이고 가진 것을 자랑하여 교육을 제대로 할 수 없다고 했다. 그리고 학부모들의 지나친 관여와 참견으로 자기가 꿈꿨던 교사의 길을 걸을 수 없을 것 같다면서 급여가 낮더라도 교사의 역할을 할 수 있고, 겸손한 아이들을 가르치고 싶다면서 태국에 있는 국제 학교로 이직해 한국을 떠났다.

이처럼 우리 사회가 품고 있는 교육 현장은 그곳이 공립학교든 국제 학교든 또는 학원이든 열등감이 있거나 오만함이 있거나 둘 중 하나이다. 이것은 지나친 경쟁 구도에서 경쟁만 중요시하다 보니 사람을 대하고 서로 존중하는 방법을 가르치는 것이 거추장스러운 일이 되어 버렸기 때문이다.

아이들에게 지나친 경쟁의식을 키워주는 사회구조와 입시제도, 그래서 항상 비교 속에서 자라는 아이들은 함께 공부하는 친구들과 늘 갈등할 수밖에 없다. 같은 반 친구들을 위하고 챙겨주는 것은 손해 보는 일이고, 공부는 오로지 자기 성공과 영광을 위한 것이라는 생각이 당연시되는 문화가 우리나라의 교실에서 싹트고 있는 것이다. 영어는 세상을 연결하는 연대의 언어이며, 서로를 배려하고 존중해 주는 신사적인 언어다. 이러한 배려와 상대방에 대한 존중이 없는 사회에서 영어 정서는 전혀 아이들에게 전달될 수 없다.

이러한 교육환경은 초중고에서만 끝나는 게 아니다. 소위 우리나라 교육제도에서 승자라고 불리는 의대생들조차도 괴로워하기는 마찬가지다. 환자에 대한 사명 의식과 공감 능력을 갖춘 학생들이 의대에 진학한 것이 아니라 경쟁에서 성공하여 사회의 부와 명예를 얻기 위해 의대에 입학한 학생들은 의사가 되는 것이 자기 적성과 맞지 않다는 것을 의대에 들어가서야 깨닫는다. 그리고 다시 살인적인 경쟁이 기다리고 있는 의대에서 고등학교의 교실 분위기가 재연된다.

J 대학교의 한 교수님은 인터뷰에서 많은 교수들이 의대 교양 수업을 기피한다고 했다. 그 수업에 들어가면 우울증에 걸릴 것 같다는 게 이유다. 웃는 학생들을 볼 수 없고, 모두 침울하며, 전공의가 되기 위해 하고 싶지 않은 일을 하면서 끝없는 경쟁을 계속해야 하기 때문이다. 이처럼 심한 경쟁을 통과한 후 사회에 나온 사람들은 다시 대한민국의 사회를 만들게 된다. 그리고 수십 년간의 지나친 경쟁 구도의 교육은 오늘날 우리 사회를 세계에서 가장 많은 차별적 갈등이 있는 나라로 만들었다. 세계 3대 여론조사 기관 중 하나인 입소스(Ipsos)가 28개국을 대상으로 12개 항목에서 느끼는 갈등의 정도를 조사했는데 한

국은 무려 7개 항목에서 압도적인 1위를 차지했다.

입소스: 한국이 높은 갈등을 차지한 항목

1) '사회적으로 자유롭고 진보적인 생각을 가진 사람들 과 전통적인 가치를 가진 사람들 사이에 갈등을 느 낀다.' – 87%(1위)가 그렇다고 응답함

2) '도시적인 엘리트와 평범하게 일하는 사람들 사이에 갈등을 느낀다.' – 78%(3위)가 그렇다고 응답함

3) '여성과 남성 사이에 갈등을 느낀다.' – 80%(1위)가 그렇다고 응답함

4) '대학 학위 소지자와 그렇지 않은 자들 사이에 갈등 을 느낀다.' – 70%(1위)가 그렇다고 응답함

5) '다른 정치적 당을 지지하는 사람들 간의 갈등을 느 낀다' – 91%(1위)가 그렇다고 응답함

6) '부유한 자들과 가난한 자들 사이에 갈등을 느낀다.' – 91%(1위)가 그렇다고 응답함

7) '사회적인 계층 간에 갈등을 느낀다.' – 87%(2위)가 그렇다고 응답함

8) '세대 간의 갈등을 느낀다.' - 80%(1위)가 그렇다고
   응답함

9) '종교적 갈등을 느낀다.' - 78%(1위)가 그렇다고 응
   답함

10) '도시에 사는 사람과 그렇지 않은 사람들 사이에
    갈등을 느낀다.' - 58%(3위)가 그렇다고 응답함
    [페루 66%(1위), 인도 61%(2위)]

이처럼 문화전쟁을 하는 우리 사회에서 자라는 아이들
은 세계 속의 나를 인식하고 세계와 연대해 주는 언어로
서의 영어를 배울 수 없다. 영어의 정서도 전달될 수 없
고, 영어는 단지 계층을 나누고 타인을 이기기 위해 배워
야 하는 언어로만 존재할 뿐이다. 사회가 변화하지 않으
면 우리나라에서는 영어교육도 꽃피울 수 없을 것이다.

우리나라가
영어와 함께 나아갈
방향

우리나라의 경제는 성장했지만, 국민들은 행복하지 않다는 것을 여러 지표를 통해 알 수 있다. 자살률 세계 1위, 세계에서 가장 불평등한 나라, 출산율 세계 최저 등의 지표들이 우리의 삶이 행복하지 않을 뿐만 아니라 오히려 행복과는 거리가 점점 멀어지고 있음을 나타내준다. 그렇지만 사회는 사회가 가진 근본적인 문제를 해결하고 더 행복한 삶을 향한 움직임이 전혀 없다. 이는 우리나라의 미래를 이끌어 갈 아이들의 교육을 보면 알 수 있다.

아이들은 죽은 지식을 암기하며 우리나라에만 존재하

는 정답을 찍는 객관식 시험으로 평가받고 있다. 등수로 단순 비교 평가하며 아이들의 인격을 무시하는 교육을 당연시하고 있다. 대학 서열화에 맞춘 입시제도에서는 변별력을 위해 풀 수 없는 킬러 문항들을 만들어 입시 문턱에 선 아이들을 또 한번 좌절시키고 절망하게 만든다.

영어는 우리나라의 이러한 지독한 경쟁 중심의 교육환경을 넘어 또 다른 극단적인 양상을 보여준다. 서울 강남의 특정 지역에 있는 백화점이나 카페에 가면 여기저기서 영어로 대화하는 소리가 너무 자연스럽고 흔하게 들려온다. 이것은 우리나라에서 영어가 재력 있는 자들의 전유물이 되었음을 보여주는 것이다.

영어는 우리의 삶 속에서 더 높은 시선을 갖게 해 주고, 더 풍요로운 문화생활을 영위할 수 있도록 도와주는 언어이기에 누구나 접근 가능한 도구가 되어야 한다. 그러나 재력이 있는 사람들만 능통하게 구사할 수 있는 언어가 되어 계층을 또렷이 부각하는 기준이 되어 버린 것이다.

우리나라가 앞으로 나아갈 방향은 무엇일까? 정치 민주화를 이루었고, 지금까지 선진국들이 만들어놓은 무대를 쫓아가며 경제도 발전시켰다. 이제는 우리 삶 속에서도 민주화를 이루고, 교육과 직장에서도 민주화를 이루며, 우리만의 독창적인 무대를 넓혀 사회의 결속력을 회복하여 높은 문화 수준과 의미 있는 삶을 살아갈 수 있는 가치들을 후손에게 전달해야 하지 않을까?

행복지수가 높고, 선진의식을 가진 북유럽과 서유럽 국가들의 특징은 학력과 직업에 상관없이 전 국민이 영어를 포함하여 2~3개 국어에 능통하다는 것이다. 정보화 시대에 언어를 잘한다는 것은 필요한 정보를 언제 어디서든 찾아볼 수 있고, 글을 통해 사고력과 비판적 사고를 키워나가며 세상이 돌아가는 상황에서 옳고 그름을 판단할 수 있는 인간다운 능력을 갖추는 것이다.

국민이 이러한 능력을 갖추고 있어야 서로를 존중하고 더 평등한 사회를 만들 수 있다. 짧은 시간을 살다 가는 이 세상에서 인간의 힘으로 수십 년 생명을 연장할 수는 없지만, 삶의 질은 높일 수 있으니 이를 향해 몸부림쳐야 하지 않을까?

이 시대에서 영어의 필요성과 중요성은 절대 부인할

수 없다. 영어는 각자의 형편에 맞게 알아서 배워야 할 언어가 아니다. 우리나라에서 영어를 못하는 이유를 개인의 탓으로 돌려서는 안 된다. 영어를 못하는 이유를 개인의 탓으로만 돌린다면 문제를 바로 볼 수 없어 앞으로도 절대 나아지지 않을 것이다.

경쟁적 사회구조와 평가와 시험 중심의 교육환경에서는 결코 영어를 영어답게 배우고 활용할 수 없음을 똑바로 인식해야 한다. 세계의 언어를 모든 국민이 평등하게 배울 수 없다면 문화 수준, 지적 수준 나아가서 의식 수준에 큰 격차를 만들어낼 것이다. 현재 대한민국의 모습처럼 경제는 발전했지만, 사람들의 의식과 문화 수준이 이를 따라가지 못하여 계속 불행한 나라가 되어 있을 것이다.

온전한 영어를 배울 수 없는 우리의 영어교육 환경을 시급히 개혁해야 한다. 수준 높은 영어 실력을 위해 개인이 알아서 공부하는 것이 아니라 공교육이 영어교육을 책임지고, 이에 맞게 영어교육 환경과 교육과정 그리고 인프라를 제공해야 한다. 그렇지 않으면 영어는 있는 자들의 전유물이자 국민의 계층을 나누는 도구로 전락하고 말 것이다.

우리는 지금 선진국에 들어가느냐 마느냐 하는 갈림길에 서 있다. 국가의 적극적인 개입으로 인한 영어교육의 개혁으로 온 국민이 높은 영어 수준으로 도약할 수 있다면 고립된 지리적 단점을 극복하고 높은 의식을 갖춘 선진국으로 진입할 수 있을 뿐만 아니라 풍요로운 문화를 영위할 수 있는 삶으로 이어지는 데 큰 디딤돌이 될 수 있다.

우리는 영어로 말하고 싶어 한다.

말은 개념이다.

개념은 사유 능력으로부터 나온다.

영어를 한마디도 사용하지 않고 살 수 있는 대한민국에서 우리는 왜 그토록 영어와 씨름을 해야 하는지 누구나 한 번쯤은 의아해한다. 이것은 그토록 많은 시간과 노력을 영어에 쏟아붓는 것에 비해 영어를 능숙하게 활용할 만큼 실력이 늘지 않기 때문에 드는 생각이다. 그리고 당장 비즈니스에서 영어로 리포트를 쓰고 프레젠테이션해야 하는 상황이 되었을 때, 해외여행을 떠나 영어로 의사소통이 제대로 이루어지지 않았을 때 우리는 유창하게 영어로 말할 수 있는 이들을 동경하며 글을 읽는 능력보다는 회화 실력에 대한 로망을 키운다. 하지만 충분한 읽기가 선행되지 않고서는 결코 유창한 회화 실력은 자라지 않는다.

언어를 대하는 태도, 언어를 공부하는 방법이나 언어를 통해 얻고자 하는 모든 것들이 잘못되어 있다. 그리고 이 모든 것의 잘못된 첫 단추는 초등학교부터 시작되는 수준 낮은 영어교육 커리큘럼과 살인적인 경쟁의 입시제도에 있다. 변별력을 위한 등급제, 주입식, 획일화, 암기식 교육은 21세기에 시대착오적인 교육 방법일 뿐만 아니라 최악의 교육 방법이다. 이는 생각도 멈추게 하고 소통도 단절시킨다. 소통의 단절은 공동체 의식의 부재로 이어지고 결국 사람들 간의 결속력을 없앤다. 결속력 없는 시민들은 눈앞의 문제를 보아도 함께 헤쳐 나가지 못하고 각자 살 궁리만 한다. 한국의 잘못된 영어교육 방법은 나아지지 않고 영어권 문화와 사고방식을 키우는 데도 역행하는 길로 이어진다.

> 사유 능력은 읽기와 쓰기를 통해 자란다.
> 글을 읽는 것은 모든 언어학습의 근간이자 뿌리이다.
> 글을 쓰는 것은 논리적·비판적 사고를 키워준다.
> 언어를 정복하면 세계를 정복하게 된다.

영어로 말을 잘하고 싶다면 우선 영어로 된 글을 능숙하게 읽을 수 있어야 한다. 인류의 역사를 보면 핵심 지배층만이 주류 언어의 글자를 배울 수 있었다. 주류 언어의 글자는 부와 권력을 유지하는 중요한 수단이 되었기 때문이다. 과거 유럽에서는 고대 그리스어와 라틴어, 중동에서는 아랍어, 중국과 아시아에서는 한자가 핵심 지배층이 자신들의 신분과 권위를 유지하기 위해 배워야 하는 언어였다. 그런데 오늘날에는 영어가 특정 지역, 핵심 신분 등을 막론하고 전 세계인이면 누구나 배울 수 있는 언어이자 배워야 하는 세계 공통어가 되었다.

이는 과거와는 달리 누구나 세계화에 소외되지 않고 자신의 사고력을 확장하고 필요한 정보를 얻을 수 있도록 허락되었다는 뜻이기도 하다. 지금처럼 한 언어가 전 세계를 제패했던 적은 없었다. 영국 제국주의와 산업혁명이 확산되고, 20세기 미국이 초강대국으로 부상하고 전 세계의 정치·경제적 패권을 잡게 되면서 영어의 지위는 더 확고해졌다. 1990년대 3차 산업인 인터넷이 전 세계로 퍼지면서 정보화 시대에 영어가 인터넷의 중심 언어가 되면서 모든 언어를 제치고 세계의 표준어로 자리 잡게 된 것이다.

언어는 세상을 바라보고 생각할 수 있게 해 주며 사유 능력을 확장시켜 주는 도구이자 수단이다. 언어라는 다리를 건너야 개념으로 발전되고 개념이 만들어져야 세상 밖으로 나와 타인에게 전달할 수 있는 말이 만들어진다. 영어로 말하는 것도 이 과정을 거쳐야 가능하다. 자기가 아는 언어만큼 세상이 열리게 되며 언어력은 세계를 넓혀 주기도 하고 좁혀 주기도 한다.

정보화 시대의 중심 언어인 영어의 시대를 살아가면

서 영어를 모른다는 것은 시대에 맞는 사고를 할 수 없다는 뜻이고, 세상을 제대로 읽어낼 수 없다는 뜻이며, 아무리 글로벌 시대를 살고 있다 할지라도 좁은 세상에 갇혀 살아가게 된다는 뜻이다. 그뿐만 아니라 21세기 4차 산업 시대에는 우리가 지금까지 한 번도 만나지 못했던 다른 차원의 문제들에 직면하게 될 것이다. 이러한 문제들을 지혜롭게 해결하고 새로운 관점과 아이디어를 돌출해 내기 위해 영어가 원료로 사용될 수 있도록 영어교육 과정과 목표를 재설정해야 한다.

우리나라의 교육제도는 책을 읽고 글을 쓰며 사유의 능력을 키우는 언어의 핵심 가치가 완전히 배제되어 있다. 영어권 아이들은 고등학생 정도가 되면 다양한 책을 읽으며 페미니즘을 논하고, 정치를 비판하며 많은 토론을 한다. 그런데 우리나라에서는 오히려 책을 읽으면 중고등학교 시험에 방해가 된다는 황당한 생각을 바탕으로 학부모 중에는 책 읽기보다 스파르타식의 암기 학습을 선택한다.
유튜브는 이러한 언어교육을 망치는 데 한몫한다. 이

것은 책을 멀리하게 하는 최신 문물이다. 활자를 접하지 않고 늘 영상만 보게 되어 바뀐 뇌는 활자를 통한 정보에 전혀 반응하지 않는다. 실제로 디지털에 중독된 사람들은 뇌 구조가 바뀐다고 하는데 조사 결과 생각을 담당하는 회백질(gray matter)의 크기가 줄어 있었다고 한다. 이것이 디지털에 중독된 많은 아이가 사유의 세계로 이끄는 책을 읽다가 10분도 되지 않아 그 앞에 무릎을 꿇고 꿈나라의 세계로 들어가는 이유다. 글을 통한 자극이 없어 생각으로 이어지지 않고, 책의 내용이 이해되지 않아 자연스럽게 잠을 청하는 것이다.

15세기 유럽의 구텐베르크 인쇄기의 발명은 빠른 시간에 활자 보급을 가능하게 만들면서 특정 층만이 누릴 수 있었던 글을 하층민들도 배울 수 있게 만들었다. 그리고 시민들이 문맹에서 벗어날 수 있게 했으며, 이전에는 존재하지 않던 중산층이 생성되어 언론의 자유를 끌어내 민주주의가 뿌리내리는 데까지 이어졌다.

영어는 오늘날 우리에게 유럽의 인쇄기와 같은 역할을 할 수 있도록 활용해야 한다. 학교 과목의 시험 도구나 대학 입시에서 변별력의 수단으로 불평등한 지배와 피지배 관계를 나누는 도구가 되어서는 안 된다. 영어를 능통하게 하기 위해서는 최소 3,000시간이 필요하다. 3,000시간은 경제력을 요구하는 시간이다. 만약 한 개인의 형편에 맞게 영어를 공부한다면 경제력이 있는 사람들만 3,000시간을 채울 수 있다. 누구나 배울 수 있도록 허락된 세계표준어가 경제력 있는 사람들만 완벽하게 배울 수 있다면 이것은 사실상 민주주의가 아니며 중세처럼 특정 지배층만이 영어를 배우도록 허락된 것이나 다름없다.

대통령님 그리고 교육부 장관님께

우리나라 아이들이 세계에서 가장 불행한 아이들이 되지 않고 이 나라에 아이들이 넘쳐나기 위해서는 교육개혁이 시급합니다.

지금 이대로의 교육은 미래가 없습니다.

아이들의 생각은 자라지 않고 정서가 메마르고 경쟁심과 시기심이 불타오르며 타인에 대한 배려 없는 이기적이고 미성숙한 인간으로 성장할 뿐입니다.

미성숙한 공동체는 모두를 불행하게 만듭니다.

교육을 개혁하기 위해 다음을 실행하여 주십시오.

학교에서 보는 시험에서 객관식 시험을 모두 없애 주십시오.
생각이 자랄 수 있도록 읽기와 쓰기 능력이 향상되는 서술형 문제로 바꿔주시기를 바랍니다.
이를 위해 영국의 교육과정을 참고하여 주십시오.

학교에 토론식 수업을 강화해 주십시오.
논리적 사고, 비판적 사고가 자랄 수 있도록 활발한 토론과 글쓰기 교육을 강화해서
우리나라 아이들이 깊은 사고력을 갖도록 해 주십시오.
이를 위해 프랑스의 교육과정을 참고하여 주십시오.

초등학교 1학년에서 고3까지 영어교육을 3,000시간으로 만들어 주십시오.
아이들이 충분한 읽기를 바탕으로 영어다운 영어를 배울 수 있도록 영어교육 시간과 영어 선생님을 늘려 주십시오.
그래서 언어가 가져다주는 특권을 누구나 누릴 수 있는 공평한 사회를 만들어 주십시오.

특정 주민 수당 서점이 동네에 들어설 수 있도록 정책을 만들어 주십시오.
문제집만 파는 서점이 아니라 책다운 책을 사서 볼 수 있는 서점들

이 동네마다 들어설 수 있도록 해 주시어 어린아이들부터 어른들까지 책 읽는 문화를 정착시켜 주십시오.

책을 사는 것을 아까워하지 않고 책을 사랑하고 생각이 모든 것을 바꾼다는 것을 깨닫게 해 주십시오.

위의 모든 것을 이루기 위해서는 그 무엇보다도 대학의 서열화가 없어져야 합니다.

유럽의 대학들처럼 우리도 대학 서열화를 없애 주십시오.

대학 서열화를 통한 경쟁이 없어도 나라의 경제는 성장할 수 있습니다.

대학의 서열화 없이 세계 경제 대국이 되어 있는 독일을 참고하여 주십시오.

초등·중등 학생들이 조기유학을 떠나지 않고, 고등학교 아이들이 자퇴를 생각하지 않으며, 학부모들이 나라의 교육을 신뢰하고 이 나라에서 아이들을 키우고 싶고, 살고 싶은 나라가 될 수 있게 해 주십시오.